Papst Franziskus
Ich glaube

PAPST FRANZISKUS

Im Dialog mit Marco Pozza

ICH GLAUBE, WIR GLAUBEN

NEUE ÜBERLEGUNGEN ZU DEN WURZELN UNSERES GLAUBENS

Übersetzt aus dem Italienischen
von Elisabeth Liebl

Kösel

INHALT

II

DER GLAUBE EINT UNS

Was wir heute als Glaubensbekenntnis oder Credo bezeichnen – das Gebet, das unseren Glauben zusammenfasst und das wir während der Sonntagsmesse bzw. an wichtigen Festtagen des christlichen Jahreskreises wiederholen – wurde in den Anfangstagen des christlichen Glaubens im Allgemeinen »Symbol des Glaubens« genannt. Der damals verwendete griechische Begriff *symbolon* bedeutet »vereinen«, »zusammenfügen«. Und man verwendete ihn, weil hier in einem einzigen Text die zentralen Glaubensinhalte zusammengefasst wurden: Gott, der Vater seines Sohnes Jesus Christus ist, unseres Herrn (geboren, gestorben, auferstanden und in den Himmel aufgefahren), über den der Heilige Geist – das dritte Element der Dreifaltigkeit – unaufhörlich seine Liebe ausgießt; die Kirche, die Leib Christi und Wohnstatt des Heiligen Geistes ist und uns wahrhaft mit Vater und Sohn vereint; die Gemeinschaft der Heiligen, die Vergebung der Sünden, die Auferstehung von den Toten und das ewige Leben.

Andererseits war das »Symbolon« nicht bloß eine Formel, in der die Glaubensinhalte zusammengefasst sind. Es war auch Ausdruck des Lebens und der Erfahrung, welche die Christen von anderen Menschen unterschieden und sie zu einer Einheit machten. Tatsächlich ist es der Glaube an unseren Herrn Jesus Christus, der die Menschen vereint und uns zu seinem Leib werden lässt. Wir glauben nicht an einen abstrakten oder imaginären Gott, der das Produkt unserer Ideen oder Theorien ist. Wir glauben an Gottvater, den Jesus uns näherbrachte und der reine Liebe ist. Und die Liebe ist immer Einheit und führt uns zur Einheit. Durch die Annahme des Heiligen Geistes »sind wir viele ein Leib« (1 Kor 10, 17). An Gottvater zu glauben heißt, dass wir seine Liebe annehmen, dass wir uns mit Jesus, seinem Sohn, vereinen und mit unseren Brüdern und Schwestern. Der Glaube ist gleichbedeutend mit der Entdeckung, geliebt zu werden, und durch die Kraft des Heiligen Geistes in die Lage versetzt zu werden, unsererseits zu lieben.

Und doch wird der Glaube häufig dazu missbraucht, andere abzulehnen und Zwistigkeiten zu säen. Dies ist meist ein Zeichen, dass es sich nicht um echten Glauben handelt, um die vertrauensvolle Hinwendung zum Herrn, sondern einfach nur um unsere eigenen Ideen und Vorstellungen, die – auch wenn sie mit einem

Hauch Christlichkeit »aufpoliert« werden – kein wahrer Glaube sind. Am Ende aber erkennt man diesen »aufpolierten« Glauben immer als das, was er ist, selbst wenn er belesen und überzeugend daherkommt, denn er hinterlässt sozusagen einen Kondensstreifen mangelnder Authentizität. Er wird nicht nur zur Quelle von Konflikten – die an sich ganz normal, ja in gewisser Weise sogar gesund sind –, sondern zur Ursache der Verhärtung gegenüber anderen Menschen, vor allem, wenn diese andere Ansichten verfechten.

Der wahre Glaube an den Vater unseres Herrn Jesus Christus hingegen stärkt die Einheit, die Beziehungen, die Gemeinschaft unter den Menschen, die zwar mitunter schwierig, aber durch die Kraft des Heiligen Geistes auch möglich ist. Denn eben das ist der Glaube: eine Beziehung der Liebe und Freundschaft zu unserem Gott, der dreifaltige Gemeinschaft in der Liebe ist und Gemeinschaft unter uns. Der Apostel Johannes schreibt in seinem ersten Brief, man könne nicht vorgeben, Gott zu lieben, den man nicht sieht, wenn man seinen Bruder nicht liebt, den man sehen kann. (1 Joh 4,20) Gleichzeitig kann man nicht sagen, dass man an Gott glaubt, weil man die Gabe seiner Barmherzigkeit empfangen hat, wenn wir umgekehrt nicht versuchen, uns gegenseitig anzunehmen – vor allem, wenn wir unterschiedliche Ideen und Sichtweisen vertreten, die sich mitunter auch widersprechen mögen. Der christliche Glaube ist kein Monolith, kein »Granitblock«: Ganz im Gegenteil, es gibt viele rechtmäßige – und sich gegenseitig befruchtende – Möglichkeiten, unseren Glauben an Jesus zu leben und auszudrücken. Denken wir doch nur an den Reichtum unserer Kirche, die im Laufe der Jahrhunderte unzählige Formen der Spiritualität, der Liturgie, der Theologie (zum Beispiel von Ost- und Westkirche) entwickelt hat. Oder an die großen christlichen Orden des Mittelalters: Dominikaner, Augustiner, Franziskaner ... Ihre führenden Denker forderten sich regelmäßig zu Streitgesprächen an den Universitäten heraus, um darzutun, wer die Wahrheit des Glaubens am besten erfasste und in Worte fassen konnte. Heute belächeln wir diese Praxis, aber im Grunde belegt sie nur die tiefe Einsicht, dass der Glaube facettenreich ist, weil Gott immer größer ist als wir und kein Wort, kein Begriff je die Größe seiner Liebe ausdrücken kann: die so wahrhaft und lebendig ist, dass sie sich im fleischgewordenen Christus zeigte und aus uns, in der Konkretheit unseres Körpers, seine Glieder machte.

Natürlich sind die Christen ganz unterschiedlich, aber der Glaube ist immer derselbe, denn der Prüfstein für seine Wahrhaftigkeit ist die Gemeinschaft. Nur das, was von allen überall und zu jeder Zeit anerkannt wird, gehört wirklich der gesamten Kirche.[1] Und all das, was diesem gemeinsamen Schatz unserer Tradition nicht widerspricht und mit ihm nicht unvereinbar ist, ist am Ende eine Bereicherung für alle, ein besonderes Geschenk für das Leben und das Wachstum des ganzen Leibes.

In diesem Geiste möchte ich das dritte Zwiegespräch mit Marco Pozza betrachten, nach unserem Buch über das *Vater unser* und das *Ave Maria*. Andererseits wollte ich die Bedeutung unserer Glaubensinhalte nicht Punkt für Punkt erörtern. Ich möchte vielmehr die alltägliche, wesentliche, einfache und doch tiefgründige Bedeutung unseres Daseins als Kinder Gottes mit Ihnen teilen, die wir mit der Dreifaltigkeit zum Mahl der Liebe geladen sind. Und den Sinn unserer Freundschaft mit den Brüdern und Schwestern im Glauben und der ganzen Menschheit.

Wenn wir das Glaubensbekenntnis rezitieren, erkennen wir Gott in seiner Wahrheit an. Gleichzeitig aber sprechen wir auch von uns. Wir bekennen das, was der Herr aus jedem Einzelnen von uns und uns allen gemacht hat: Während wir unseren Glauben bekennen, dürfen wir uns mit Liebe gesehen fühlen, errettet, herausgelöst aus unserer Isolation und Vereinzelung, um in der Einheit des Leibes Christi in der Mutter Kirche zusammengeführt zu werden.

Wir werden dadurch mehr Kraft und Mut haben, um als geliebte und erlöste Menschen zu leben: in der Barmherzigkeit und der Freundschaft, im Dienen und mit dem privilegierten Blick auf all jene, die weit weg stehen, am Rand und ausgeschlossen sind.

Francesco

I

Io credo in Dio, Padre onnipotente

Creatore del cielo e della terra.

E in Gesù Cristo,

Suo unico Figlio, nostro Signore,

il quale fu concepito di Spirito Santo

nacque da Maria Vergine,

patì sotto Ponzio Pilato, fu crocifisso,

morì e fu sepolto; discese agli inferi;

il terzo giorno risuscitò da morte;

salì al cielo, siede alla destra

di Dio Padre onnipotente;

di là verrà a giudicare i vivi e i morti.

Credo nello Spirito Santo,

la Santa Chiesa cattolica,

la comunione dei santi,

la remissione dei peccati,

la risurrezione della carne,

la vita eterna.

Amen.

Ich glaube an Gott, den Vater, den Allmächtigen,

den Schöpfer des Himmels und der Erde,

und an Jesus Christus,

seinen eingeborenen Sohn, unsern Herrn,

empfangen durch den Heiligen Geist,

geboren von der Jungfrau Maria,

gelitten unter Pontius Pilatus, gekreuzigt,

gestorben und begraben, hinabgestiegen in das Reich des Todes,

am dritten Tage auferstanden von den Toten,

aufgefahren in den Himmel; er sitzt zur Rechten Gottes,

des allmächtigen Vaters;

von dort wird er kommen, zu richten die Lebenden und die Toten.

Ich glaube an den Heiligen Geist,

die heilige katholische Kirche,

Gemeinschaft der Heiligen,

Vergebung der Sünden,

Auferstehung der Toten

Und das ewige Leben.

Amen.

Die Version des Glaubensbekenntnisses, welche das Gespräch zwischen Papst Franziskus und Marco Pozza zum Gegenstand hat, ist das Apostolische Glaubensbekenntnis (auch das »Kleine Glaubensbekenntnis« genannt). Im Vergleich zum Nizäno-Konstantinopolitanischen Glaubensbekenntnis (auch das »Große Glaubensbekenntnis«), das meist bei feierlichen Anlässen in der Kirche gesprochen wird, ist das Apostolische Glaubensbekenntnis – das zur sonntäglichen Messe gehört – älter.

ICH GLAUBE AN GOTT

Heiliger Vater, ich würde Ihnen gerne ein Foto zeigen, das mir sehr am Herzen liegt. Mein Vater hat es vor gut drei- ßig Jahren aufgenommen. Es zeigt meine Großmutter, meine Mutter, meinen Bruder und mich. Meine Großmutter kam 1920 zur Welt. Sie war tiefgläubig: Ich weiß noch, dass sie bei allem, was sie tat, ob sie nun das Feld umgrub oder die Wäsche machte, den Rosenkranz betete. Meine Mutter wurde 1946 geboren. Kaum war sie volljährig, brach rundherum die Pro- testbewegung der 1960-er Jahre aus. Junge Leute wie sie gin gen auf die Straße und forderten lauthals: »Die Fantasie an die Macht!« Ihre Generation wuchs ohne Gott auf. Mein Bru- der und ich wurden in den 1980-er Jahren geboren. Unsere Generation stellte sich die Frage: Hat es denn Sinn, an Gott zu glauben? Vor hundert Jahren hängte meine Familie sogar im Stall Jesusbilder auf, um die Tiere zu schützen. Heute aber wird der Glaube an Gott mit Fragezeichen versehen: Glaube ich, glaube ich nicht, warum soll ich glauben? Mir scheint das wie die Geschichte eines Gefühls, das immer mehr nachlässt.

Sind wir Ihrer Ansicht nach dazu bestimmt, als Letzte den christlichen Glauben zu leben?

Diese Frage stellte sich im Laufe der Geschichte immer wieder. Was Du schilderst – dass die herrschenden kulturellen Umstände den Menschen mitunter von den Gepflogenheiten des Glaubens fernhalten – hat sich schon unzählige Male so zugetragen. Zum Beispiel während der Verfolgungen: Zur Zeit des Römischen Reiches hätte man durchaus glauben können, dass die ersten Christen auch die letzten sein würden. Aber auch andere kulturelle Strömungen entfalteten eine ähnliche Wirkung. Man denke nur einmal an das Erbe der Aufklärung, die das Christentum auf den Status eines Aberglaubens reduzieren wollte, auf die Funktion der Staatsreligion: Die Priester verweltlichten zusehends, wurden zum *Monsieur l'Abbé*, der nur noch zu Hofe zugange war. Es gab immer schon Prozesse, die sich *gegen* das Christentum wandten. *Gegen*, denn das Christentum wird verfolgt. Ich fühle mich fast versucht zu sagen: *muss* verfolgt werden. Aber nein, es *wird* verfolgt. Der Versuch – es auszulöschen – ist der Tatsache geschuldet, dass es eine Bedrohung darstellt: die Art von Bedrohung, welche der Sauerteig für das Mehl darstellt, für das Brot, das ungesäuert bleiben möchte. Es ist eine Bedrohung… Auch zu Zeiten Jesu war das schon so:

Denk nur einmal an all die Verleumdungen, an das Ge-
richtsverfahren, und weiter an die Verfolgung der ersten
Märtyrer, angefangen bei Heiligen Stefan, wie uns die
Bibel berichtet. (Apg 7, 51–60). Auch in der weiteren
Geschichte Roms gab es unzählige Märtyrer ... Die Geschichte des Christentums ist eine Geschichte von Verfolgung und Vernichtungsversuchen. Und der Erfolge?
Nein, der Standhaftigkeit. Es ist richtig, dass das Christentum nicht von Erfolgen lebt. Wenn ich die vielen
»glorreichen« Darstellungen sehe, die die Kunst hervor-
gebracht hat, meine ich immer, dass sie als Inspiration
wirklich hilfreich sind. Die Kunst wollte die Wahrheit
des Christentums ausdrücken. Doch die christliche
Wahrheit besteht in der Standhaftigkeit der Gläubigen,
einer Standhaftigkeit gegen die Verweltlichung, gleich-
wohl aber in dieser Welt.

*In der Weltlichkeit der Geschichte bekennt der Christ sei-
nen Glauben durch das uralte Gebet des Credo. Manchmal
sagen mir Menschen: »Ich habe Schwierigkeiten, an Gott zu
glauben.« Dann fällt mir spontan die Frage ein: »Aber an
welchen Gott kannst du denn nicht glauben?« Denn wenn
Gott nur eine Vorstellung wäre, würde ich mich ihm auch
nicht anvertrauen. Gott aber ist eine Person. Wie viel Bedeutung hat das Bild Gottes, das ein Kind sich in jungen
Jahren schafft und das es danach kultiviert oder verwirft?*

Das hängt ganz davon ab, welches Bild von Gott wir dem Kind vermitteln: das Bild eines Gottes, wie er im Theater oder im Zirkus auftritt, das aus den Wundererzählungen, oder das, in dem Gott so grausam erscheint wie der Wolf im Märchen von Rotkäppchen... Wir Christen beginnen unser Glaubensbekenntnis mit folgenden Worten: »Ich glaube an Gott, den Vater«. Aber zeigen wir dem Kind auch einen väterlichen Gott, als dessen Kind es sich fühlen darf? Ich habe das erst kürzlich gehört, als ich in Madagaskar war: Der wahre Glaube ist der an Gott, den Vater. So schrieb schon Basilius von Cäsarea: »Der Gott des Universums ist seit Ewigkeit Vater [...] Und seine Väterlichkeit, um es so zu nennen, besitzt er seit aller Ewigkeit.«[2]

Es gibt also auch eine affektive Erinnerung an den Glauben, so wie es diese für die Lebensgeschichte jedes Menschen gibt oder für seine Herkunft?

Gewiss, »affektiv« im positiven Sinn des Wortes. Der Glaube umfasst alles: Wahrheiten und Gefühle. Denn unser oberstes Gebot ist die Liebe, und die Liebe ist ein Gefühl. Immer wieder einmal werden Theorien vorgetragen, die von Gott in abstrakten, ideologischen Begriffen sprechen, als wäre er eine Idee der Vollkommenheit. Dann versucht man seine Existenz zu beweisen, als wäre das ein mathematisches Problem. Solche Vorstellungen begegnen uns im Laufe der Geschichte immer wieder wie ein Refrain. Daneben aber finden wir den Gott, wie ihn die Heiligen predigen, die die Einfachheit des Evangeliums aufzeigen. Die Heiligen sind die wahren Helden des Christentums: Männer und Frauen, die verstanden haben, was es heißt, an einen Gott zu glauben, der uns Vater ist, und nicht an einen Gott, der wie Candra, der Zauberer, mit magischen Kräften begabt ist.

Es besteht also eine tiefe Beziehung zwischen dem eigenen Glauben und der persönlichen Lebenserfahrung…

Natürlich! Mir sind als Seelsorger immer wieder Menschen begegnet, die einfach nicht zum »Vater« sprechen konnten, denen die Erfahrung der Väterlichkeit Gottes versagt war. Sie hatten einen Vater, der ihnen Schlimmes angetan hat oder ihre Mutter verlassen hat … Diese Menschen bräuchten einen Weg der Heilung, der – ich weiß nicht, wie das auf Italienisch heißt, auf Spanisch sagt man – *sanazione* [Gesundung, A. d. R.]

Sie müssen sozusagen wieder zusammengeflickt werden…

Ja, zusammengeflickt oder erneuert. Denn die persönliche Lebenserfahrung ist wichtig.

Heiliger Vater, wenn ich mit meinen Jungs im Gefängnis das Glaubensbekenntnis bete, dann treffen mich die Worte »Gott, den Vater, den Allmächtigen« besonders, denn wir leben in einer Welt, die, was die Figur des Vaters angeht, zum Waisenkind geworden ist. Einer Welt, in der das Böse sich ungehindert tummeln kann und der Mensch Maß nur noch an sich selbst nimmt. Tatsächlich sind einige dieser Männer wegen Mordes verurteilt worden. Das ist, als wolle man sagen: Wenn der andere mir im Weg ist, beseitige ich ihn einfach. Diese weite Verbreitung des Bösen zeugt von der Präsenz Satans. »Ich glaube an Gott« und »Ich halte mich fern von Satan«. Aber werden das Gute und das Böse nicht immer nebeneinander koexistieren, bis ans Ende aller Tage?

Bevor ich Dir auf diese Frage antworte und auf Satan näher eingehe, möchte ich Dich auf etwas anderes aufmerksam machen, nämlich auf das vierte Attribut Gottes: Er ist Vater, Allmächtiger, Schöpfer, aber auch *Erlöser*. Wie ich schon oft erklärt habe, zeigt sich die Barmherzigkeit Gottes in der Erlösung, in dem Heil, das uns durch das Blut seines Sohnes geschenkt wurde (siehe 1 Petr 1, 18–21). Die Erlösung steht für die Vollendung der Geschichte. Gleichzeitig ist sie Teil eines Projekts von kosmischen Ausmaßen, das Gott schon vor der Erschaffung der Welt im Sinn hatte, wie Paulus erklärt: »Wie es also durch die Übertretung eines einzigen für alle Menschen zur Verurteilung kam, so wird es auch durch die gerechte Tat eines einzigen für alle Menschen zur Gerechtsprechung kommen, die Leben gibt. Wie durch den Ungehorsam des einen Menschen die vielen zu Sündern wurden, so werden auch durch den Gehorsam des einen die vielen zu Gerechten gemacht werden.« (Röm 5, 18–19) Der Begriff »Erlösung« steht für die radikalste Befreiung, die Gott für uns schaffen konnte, für die ganze Menschheit und die gesamte Schöpfung. Heute wollen die Menschen nicht mehr glauben, dass sie durch das Eingreifen Gottes befreit und erlöst werden. Sie bilden sich ein, frei zu sein, und glauben, dass diese Freiheit ihnen alles gibt. In Wirklichkeit ist das nicht so. Wie viele Illusionen werden doch unter dem Deckmäntelchen der Freiheit verkauft, und wie viele neue Abhängigkeiten werden im Namen einer falschen Freiheit heute geschaffen! Im Rückgriff auf Paulus schrieb Johannes Cassianus zu Beginn des 5. Jahrhunderts: »Welch ein Unterschied also zwischen dem, der der Erfüllung durch Gerechtigkeit bedurft hatte, und Ihm, der alles mit seiner Gerechtigkeit erfüllte.«[3]

Gott ist der Erlöser...

Aber dazu kommen wir später noch.

Gewiss.

Die drei Attribute Gottes sind jedoch nicht alles.

Wie schön!

In der Liturgie, in einem der Gebete für den Weihnachtstag, heißt es: »Allmächtiger Gott, Du hast den
Menschen in seiner Würde wunderbar erschaffen und
noch wunderbarer wiederhergestellt.«[4] Gott ist nicht
nur allmächtig, er ist auch unser Erlöser. Aber darauf
werden wir noch zurückkommen. Nun beschäftigen wir
uns mit Deiner Frage zu Satan.

*In unserem Glaubensbekenntnis drücken wir auch aus, dass
wir uns von Satan fernhalten, von den Werken, den Verführungen des Teufels ...*

Aber wir sagen nie, dass wir den Verführungen Gottes unterliegen! Denn Gott benutzt keine trügerische
Sprache wie Satan. Satan erscheint auf den ersten Seiten der Bibel, weil es sich bei ihm um eine Wirklichkeit
handelt, die wir alle erfahren. Jeder von uns, der schon
einmal eine Entscheidung treffen musste, spürt im Herzen diesen Kampf zwischen Gut und Böse: Einerseits
bewegt uns etwas zum Guten, zur Liebe zu unserem

Nächsten, zu wohltätigen Werken oder erhebenden Gedanken. Andererseits flüstert uns etwas zu: »Nein, das ist nicht der richtige Weg. So wirst du nicht glücklich. Nimm diesen Weg.« Und es zeigt uns einen anderen Weg auf. Denken wir doch nur an die biblische Erzählung von der verbotenen Frucht (siehe Genesis 3). Die Präsenz Satans ist in unserem christlichen Leben ganz real, weil Satan nun einmal die Realität ist. Einige meinen heute: Nein, Satan gibt es nicht wirklich. Es gibt vielmehr diese Tendenz in uns, uns dem Bösen zuzuwenden, weil wir materiell, geistig oder psychisch krank sind. Es stimmt schon, wir sind verletzte Wesen, aber Satan gibt es trotzdem: Er ist der Verführer. Das Fernhalten von Satan und seinen Fallstricken wird in anderer Sprache präsentiert als das Glaubensbekenntnis. Ich sage: »Ich glaube an Gott, den Vater, den Allmächtigen, den Schöpfer und Erlöser.« Aber nicht: »Ich glaube an Satan«, weil ich mich ja nicht an Satan wende, wie ein Kind sich der Hand des Vaters anvertraut. Ich glaube an Satan, glaube an seine Existenz, aber ich liebe ihn nicht. Ich sage nicht: »Ich glaube Satan«, denn ich weiß zwar, dass er existiert, aber ich glaube eben nicht an seine Verführungen, sondern nehme mich davor in Acht.

Mich hat es immer tief berührt, wie Jesus beim Abendmahl in der Fürbitte für seine Jünger den Vater bittet, sie vor dem Bösen zu retten, denn: »Sie sind nicht von der Welt, wie auch ich nicht von der Welt bin. Heilige sie in der Wahrheit, dein Wort ist Wahrheit. Wie du mich in die Welt gesandt hast, so habe auch ich sie in die Welt gesandt. Und ich heilige mich für sie, damit auch sie in der Wahrheit geheiligt sind.« (Joh 17,16–19). Die Welt ist also der Wirkungskreis Satans, des Bösen. Er bewegt sich in der Welt, ist der Geist dieser Welt. Das ist Satan.

EIN GOTT,
DER LIEBE IST

Vor allem möchte ich jedem die allererste Wahrheit sagen: »Gott liebt dich«. Wenn du das schon einmal gehört hast, egal, ich möchte es dir nur ins Gedächtnis rufen: Gott liebt dich. Zweifle nie daran, was dir auch im Leben widerfahren mag. Unter welchen Umständen auch immer, du bist unendlich geliebt.

Vielleicht ist deine Erfahrung mit Vätern nicht die beste. Dein irdischer Vater war vielleicht distanziert oder abwesend oder ganz im Gegenteil herrschsüchtig und besitzergreifend. Oder er war vielleicht einfach nicht der Vater, den du gebraucht hättest. Ich weiß es nicht. Was ich dir aber mit Sicherheit sagen kann, ist, dass du dich in aller Sicherheit deinem göttlichen Vater überlassen kannst, jenem Gott, der dir das Leben geschenkt hat und es dir in jedem Moment erneut schenkt. Er wird dich immer halten und gleichzeitig wirst du spüren, dass er deine Freiheit ganz und gar achtet.

In seinem Wort finden wir alle möglichen Ausdrucks-
formen seiner Liebe. Es ist, als hätte er nach verschiedenen Wegen gesucht, sie uns mitzuteilen, um zu sehen, ob
nicht eines dieser Worte an dein Herz rührt.

Zum Beispiel zeigt er sich manchmal in der Gestalt
jener liebevollen Eltern, die mit ihren Kindern spielen:
»Mit menschlichen Fesseln zog ich sie an mich, mit
Banden der Liebe. Ich war da für sie wie die, die den
Säugling an ihre Wangen heben.«

Dann wieder erscheint er wie die Mütter, die ihre
Kinder aufrichtig lieben, mit einer zutiefst verwurzel-
ten Liebe, die sie weder vergessen noch ablegen können:
»Kann denn eine Frau ihr Kindlein vergessen, eine Mutter ihren leiblichen Sohn?« (Aes 49, 15)

Manchmal zeigt er sich wie ein Verliebter, der sich das
Porträt der geliebten Person auf die Hand tätowieren
lässt, um sie immer in der Nähe zu haben: »Sieh her: Ich
habe dich eingezeichnet in meine Hände.« (Jes 49, 16)

An anderer Stelle betont er die Stärke und Belastbar-
keit seiner Liebe, die unbesiegbar ist: »Auch wenn die
Berge von ihrem Platz weichen und die Hügel zu wanken beginnen, meine Huld wird nie von dir weichen und
der Bund meines Friedens nicht wanken.« (Jes 54, 10)

Oder er sagt uns, dass er uns seit jeher erwartet, weil
wir nicht zufällig auf dieser Welt sind. Noch bevor wir
geboren werden, existieren wir schon als Projekt seiner

Liebe: »Mit ewiger Liebe habe ich dich geliebt, darum habe ich dir so lange die Treue bewahrt.« (Zef 31, 3)

Dann wieder lässt er uns wissen, dass er unsere Schönheit sieht, selbst wenn sie niemand anderer erkennen will: »Weil du in meinen Augen teuer und wertvoll bist und weil ich dich liebe.« (Jes 43, 4)

Oder er macht uns klar, dass seine Liebe nicht traurig ist, sondern reine Freude, die sich erneuert, wenn wir uns von ihm lieben lassen: »Der Herr, dein Gott, ist in deiner Mitte, ein Held, der Rettung bringt. Er freut sich und jubelt über dich, er erneuert seine Liebe in dir, er jubelt über dich und frohlockt.« (Zef 3, 17)

Für ihn bist du wahrhaft kostbar und alles andere als unbedeutend. Für ihn bist du wichtig, weil du das Werk seiner Hände bist. Aus diesem Grund widmet er dir Aufmerksamkeit und erinnert sich deiner voller Liebe. Du solltest Vertrauen haben in das »Gedenken Gottes«, sein Gedächtnis ist keine »Festplatte«, die nur unsere Daten aufzeichnet. Sein Gedächtnis ist ein zärtliches, mitfühlendes Herz, das sich freut, wenn es alle Spuren des Bösen löschen kann.« (Predigt in der Messe zum 31. Weltjugendtag in Krakau am 31. Juli 2016). Er will nicht deine Fehler registrieren, ja er wird dir in jedem Fall helfen, auch aus deinen Niederlagen zu lernen. Weil er dich liebt. Versuche nur einen Augenblick lang, still dazusitzen und dich von ihm lieben zu lassen. Versuche, die Stimmen und Schreie in dir verstummen zu lassen, um einen Moment lang in der Umarmung seiner Liebe zu verharren.

Dies ist eine Liebe, die »sich nicht aufdrängt und die nicht erdrückt, eine Liebe, die nicht ausgrenzt, die nicht schweigt und niemanden zum Schweigen bringt, eine Liebe, die nicht demütigt und unterjocht. Es ist die Liebe des Herrn, eine alltägliche Liebe, unauffällig und respektvoll, eine befreiende Liebe, die die Freiheit schätzt, eine Liebe, die heilt und erhebt. Es ist die Liebe des Herrn, die mehr vom Wiederaufstehen weiß als vom Fallen, mehr von der Versöhnung als vom Verbot, mehr von der neuen Gelegenheit als von der Verurteilung, mehr von der Zukunft als von der Vergangenheit.« (Eröffnungsrede zum 34. Weltjugendtag in Panama am 24. Januar 2019).

Wenn er dich um etwas bittet oder einfach nur die Herausforderungen zulässt, die das Leben dir stellt, erwartet er, dass du ihm Raum gibst, damit er dir Schwung geben kann, um dich anzuspornen, damit du vorwärtskommst und reifer wirst. Es stört ihn nicht, wenn du ihm deine Zweifel mitteilst. Was ihm Sorgen macht, ist vielmehr, wenn du nicht mit ihm sprichst, dich nicht aufrichtig auf einen Dialog mit ihm einlässt. In der Bibel heißt es, dass Jakob mit Gott kämpfte (siehe Gen 32, 25–31), doch das brachte ihn nicht vom Weg des Herrn ab. In Wirklichkeit ist er es, der uns ermahnt: »Kommt her, wir wollen sehen, wer von uns Recht hat, spricht der Herr.« (Jes 1, 18) Seine Liebe ist so wirklich, so wahr, so konkret, dass sie uns eine Beziehung echten und fruchtbaren Dialoges eröffnet. Öffne dich also für die Umarmung deines himmlischen Vaters im liebevollen Antlitz seiner mutigen Zeugen auf Erden!

Io credo in Dio, Padre onnipotente

Creatore del cielo e della terra.

E in Gesù Cristo,

Suo unico Figlio, nostro Signore,

il quale fu concepito di Spirito Santo

nacque da Maria Vergine,

patì sotto Ponzio Pilato, fu crocifisso,

morì e fu sepolto; discese agli inferi;

il terzo giorno risuscitò da morte;

salì al cielo, siede alla destra

di Dio Padre onnipotente;

di là verrà a giudicare i vivi e i morti.

Credo nello Spirito Santo,

la Santa Chiesa cattolica,

la comunione dei santi,

la remissione dei peccati,

la risurrezione della carne,

la vita eterna.

Amen.

Ich glaube an Gott, den Vater, den Allmächtigen,

den Schöpfer des Himmels und der Erde,

und an Jesus Christus,

seinen eingeborenen Sohn, unsern Herrn,

empfangen durch den Heiligen Geist,

geboren von der Jungfrau Maria,

gelitten unter Pontius Pilatus, gekreuzigt,

gestorben und begraben, hinabgestiegen in das Reich des Todes,

am dritten Tage auferstanden von den Toten,

aufgefahren in den Himmel; er sitzt zur Rechten Gottes,

des allmächtigen Vaters;

von dort wird er kommen, zu richten die Lebenden und die Toten.

Ich glaube an den Heiligen Geist,

die heilige katholische Kirche,

Gemeinschaft der Heiligen,

Vergebung der Sünden,

Auferstehung der Toten

und das ewige Leben.

Amen.

ICH GLAUBE AN
JESUS CHRISTUS

Der zweite Teil des Glaubensbekenntnisses betrifft die Ge-
stalt Jesu: »Ich glaube an Jesus Christus, seinen eingeborenen
Sohn...« Als ich noch ein Kind war, Heiliger Vater, wurde
ich einmal so richtig wütend auf meine Großmutter. Ich war
damals fünf Jahre alt. Ich und mein Bruder hatten am Vor-
tag die Krippe aufgestellt und alle Figürchen so platziert,
dass sie sich dem Jesuskind zuwandten. Abends gingen wir
dann froh und glücklich zu Bett. Am nächsten Morgen sahen
wir, dass unsere Großmutter gerade die schönste von allen
Figuren weggenommen hatte, eben das Jesuskind. Aus Pro-
test wollte ich noch nicht mal in die Schule gehen. Meine
Oma wartete ab, bis ich meiner Empörung Luft gemacht
hatte, dann nahm sie mich an der Hand und fragte: »Weißt
du, warum ich gerade das Jesuskind weggenommen habe?«
Ich antwortete: »Keine Ahnung, aber hättest du nicht einfach
einen Hirten herausnehmen können?« Und sie: »Nein. Ich
habe das Jesuskind weggenommen, weil es erst in zwanzig

Tagen zur Welt kommt. Und es möchte, dass du es sehnsüchtig erwartest ...« Ich schätze mich glücklich, denn »Sehnsucht« ist eines der ersten Worte, die ich mit Gott in Verbindung brachte. Ich weiß nicht, ob meine Großmutter je einen Kurs zur Neu-Evangelisierung belegt hat, aber sie sprach über Gott auf eine so wunderbare Weise zu mir, dass sie mich mit ihrer Liebe ansteckte. Und heute, Heiliger Vater? Wie können wir heute über Gott zu jenen Menschen sprechen, die noch nicht glauben oder dem Glauben gleichgültig gegenüberstehen?

Wie Deine Großmutter es getan hat: sehr konkret. In der gleichen Form hat die Heilige Monika mit ihrem Sohn Augustinus gesprochen. Der Junge war Philosoph? Nun, sie betete und wählte einfache Worte. Und weißt Du, warum diese Erinnerung Dein Herz berührt hat und noch heute so lebendig ist, dass sie Dir bei einem Gespräch über das Glaubensbekenntnis einfällt? Weil Deine Großmutter Dir den Glauben weitergegeben hat. Und der Glaube wird im Dialekt vermittelt, immer und überall.

Meine Großmutter beherrschte die italienische Hochsprache noch nicht einmal ...

Der Glaube wird im Dialekt vermittelt, in der Sprache der Familien. Denk nur an die Mutter der sieben gefolterten Makkabäer: Zweimal, so heißt es in der Bibel, redete die Mutter ihren Söhnen »in ihrer Muttersprache« zu (siehe 2 Makk 7). Der Glaube wird in der Sprache vermittelt, die der Familie eigen ist, den Leuten, die uns mit Liebe begegnen, in einer Sprache, die sich von der intellektuellen ganz wesentlich unterscheidet! Mit dem Denzinger[5] zum Beispiel kann man den Glauben nicht weitergeben. Er ist hilfreich, um seinen Gehalt besser zu begreifen, aber zur Glaubensvermittlung eignet er sich nicht. Die Weitergabe des Glaubens muss immer in der Sprache der Familien erfolgen. Aus diesem Grund haben die Worte Deiner Großmutter Dich so tief berührt. Außerdem hat sie von »Sehnsucht« gesprochen. Deine Großmutter wusste, was sie Dir vermitteln musste, aber nicht auf intellektuelle Weise. Sie hat es *gespürt*. Das war der Heilige Geist, der bei der Glaubensvermittlung durch sie tätig wurde. Genauso geschieht es heute, hier in Rom, mit den philippinischen Frauen, die hier als Kindermädchen bei guten Familien arbeiten. Diese aber sind in ihrem Glauben doch recht oberflächlich. Sie gehen zwei- oder dreimal im Jahr in die Kirche und vermitteln ihren Kindern den Glauben nicht. Diese Familien nehmen gerne Babysitter von den Philippinen, damit ihre Kinder Englisch lernen. Und was machen diese Frauen? Sie sind »Schmugglerinnen«: Sie übermitteln den Kindern mit dem Englischen auch ihren Glauben. Sie geben in der »Sprache« des liebevollen Zusammenseins auch den Glauben an die Kinder weiter.

In diesem Zusammenhang kommt mir ein glücklicher Ausdruck in den Sinn, den Sie einmal gebraucht haben: »Das Christentum ist keine Treibjagd«[6]. Dabei ging es darum, Ihren Glaubensbrüdern zu zeigen, wo der Unterschied zwischen Evangelisierung und dem Abwerben von Gläubigen anderer Religionen liegt.

Hier muss ich zugeben, dass das Copyright für dieses sprachliche Bild bei Papst Benedikt XVI. liegt. Er hat in Aparecida den schönen Satz geäußert: »Die Kirche betreibt keinen Proselytismus. Sie entwickelt sich vielmehr durch ›Anziehung‹«[7], also durch das Zeugnis der Gläubigen. Es gibt kirchliche Bewegungen, die in diesen Proselytismus verfallen sind. Sie bedrängen das Gewissen der Menschen und richten sie auf diese Weise zugrunde. Das gilt für manche katholische Bewegungen, aber auch für nicht-katholische Christen, die unter den Katholiken um neue Anhänger werben. Das ist falsch. Diese Leute glauben, dass die Kirche nach Zahlen wachsen sollte und dass alle gleich handeln, gleiche Methoden und Praktiken üben sollten. Das wäre reine

Uniformität. Hier kommt ein anderes Thema ins Spiel, über das ich später noch sprechen werde, nämlich der Heilige Geist.

In Bezug auf Jesus Christus interessiert mich, Heiliger Vater, besonders, dass viele Religionen das Streben nach Gott als Weg betrachten, den der Mensch zurücklegt hin auf ein höheres Wesen, das ihm hilft, nicht zu verzweifeln. Das Christentum ist die einzige Religion, die diesen Weg umkehrt: Es spricht von einem Gott, der sich auf die Suche nach dem Menschen macht. Das ist das große Geheimnis der Menschwerdung Jesu. Gerade in Ihren Worten ist das besonders offensichtlich: Sie sprechen nicht vom »anschauen«, sondern davon »sich anschauen zu lassen«, »sich kennenlernen zu lassen«, »sich vergeben zu lassen«. Nun wissen wir ja, dass Satan die Menschwerdung hasst. Meine Frage ist also: War die Menschwerdung Christi im Rahmen der Geschichte nötig?

Nur die Liebe des Vaters rechtfertigt die Menschwerdung Jesu. Wenn Du Dir den Blickwinkel des Vaters zu eigen machst, wirst Du das verstehen. Joseph Malègue, ein französischer Schriftsteller, den ich sehr schätze – auch wenn es heißt, er sei ein Autor zweiten Ranges, aber er hat einen schönen Roman mit dem Titel *Augustin*[8] geschrieben. Er meinte, in seinen Augen sei das Problem nicht, ob Jesus Gott sei. Ein Problem wäre es vielmehr gewesen, wenn Gott nicht in Christus Mensch geworden wäre. Wenn man Malègues Gedanken umwandelt, könnte man sagen: Es wäre ein Problem gewesen, wenn Gott uns fern geblieben wäre, wenn er sich dem Menschen nicht so sehr genähert hätte – wie er es tatsächlich getan hat –, dass es zu einer Verschmelzung zwischen Mensch und Gott gekommen ist. Wohlgemerkt, keiner Vermischung, sondern – ja, genau – einer Verschmelzung. Du hast auf den Wert der Nähe hingewiesen, der Ansprechbarkeit. Und tatsächlich ist in der Bibel von Anfang an eine *Theologie der Nähe* festzustellen. Wie oft lesen wir dort, dass der Herr nahe ist! In den Psalmen: »Der Herr ist allen, die ihn anrufen, nahe, allen, die zu ihm aufrichtig rufen.« (Ps 145, 18) Oder: »Nahe ist der Herr den zerbrochenen Herzen, er hilft denen auf, die zerknirscht sind.« (Ps 34, 19) Und noch einen Satz aus dem Deuteronomium fällt mir ein, mit dem Moses das Volk Gottes schilt: »Denn welche Nation hätte Götter, die ihr so nah sind, wie Jahwe, unser Gott, uns nahe ist, wo immer wir ihn anrufen?« (Dtn 4, 7) Keine einzige. Und Nähe heißt, dass Gott sich zu uns herabbeugt.

Eine andere Ausdrucksweise findet sich im Brief an die Philipper: Gott erniedrigt sich, er lässt sich herab. Die Theologen haben für diese Eigenschaft Gottes, der sich in die Nähe des Menschen begibt, einen griechischen Begriff, der für den Glauben wichtig ist: *synkatá-basis*, das »Herabsteigen« Gottes. Paulus beschreibt dies so: Für Jesus Christus gilt: »Er war Gott gleich, hielt aber nicht daran fest, wie Gott zu sein, sondern er entäußerte sich und wurde wie ein Sklave, und den Menschen gleich. Sein Leben war das eines Menschen; er erniedrigte sich und war gehorsam bis zum Tod, bis zum Tod am Kreuz.« (Phil 2, 5–8) Und auch der heilige Johannes Chrystostomos hat dazu etwas sehr Schönes zu sagen. Zu dem Vers aus dem Galaterbrief über Jesus, »welcher sich hingegeben hat für unsere Sünden« schreibt er: »Siehst du, dass sein Dienst kein sklavischer und erzwungener war, und dass er auch nicht von einem anderen überliefert wurde, sondern sich selbst dahingab? Wenn du demnach des Johannes Worte vernimmst: ›Seinen eingeborenen Sohn hat der Vater für uns hingegeben‹ (Joh 3, 16), so hüte dich, deshalb die Würde des Eingeborenen herabzusetzen [...] Denn wenn auch gesagt wird, der Vater habe dahingegeben, so wird es nicht deshalb gesagt, damit du von Sklavendienst träumst, sondern damit du einsehest, wie auch der Vater daran sein Wohlgefallen gehabt hat.« Und Johannes Chrysostomos fährt fort: »Mit tausendfacher Schlechtigkeit hatten wir uns angesteckt [...] Das Gesetz nun brachte nicht bloß keine Erlösung, sondern überdies noch Verdammnis, weil es einerseits die Sünden offenbar machte, andererseits nicht (davon) zu befreien [...] vermochte. Der Sohn Gottes hingegen hat dieses Unmögliche möglich gemacht; er hat die Sünden getilgt, die Feinde in die Zahl der Freunde versetzt und tausend andere Gnaden geschenkt.«[9]

Ein Herabsteigen, quasi eine Erniedrigung Gottes ...

Gott erniedrigt sich, weil er so sehr in sein Werk verliebt ist, den Menschen, so sehr ... dass er sich nicht von ihm fernhalten kann. Wir sind Sünder, er muss uns zurechtweisen, mitunter auf drastische Weise, aber seine Vergebung und seine Barmherzigkeit kehren in jedem Fall zurück, weil es schön für ihn ist, zärtlich zu uns zu sein und uns in sich ruhen zu lassen. Der erste Grund unserer Freude ist die Nähe des Herrn, der uns empfängt und uns liebt. Das wollte Paulus sagen, als er an die Christen in Philippi schrieb: »Freut euch im Herrn zu jeder Zeit! Noch einmal sage ich: Freut euch! Eure Güte werde allen Menschen bekannt. Der Herr ist nahe.« (Phil 4, 4–5) Und die Nähe des Herrn beginnt mit der Erschaffung des Menschen, mit dem er sofort in Dialog tritt. Denn das ist kein Zauberkunststück: Zuerst schafft Gott den Menschen und dann zieht er sich zurück. Nein, er tritt mit ihm in Dialog. Das ist zutiefst menschenzugewandt: Er *lässt sich herab*, mit uns in

Dialog zu treten, sowohl vor der Sünde als auch danach. Aus diesem Dialog wird sodann die Geschichte eines Volkes, zu dem er sagt: Geh! Geh vorwärts! Und seinen Gipfelpunkt erreicht er in der Menschwerdung. Es ist schon richtig, die Menschwerdung betrachten viele als Skandal. Aber wie der französische Schriftsteller Malègue schon sagt: Für ihn wäre der eigentliche Skandal, wenn Gott sich nicht in Christus inkarniert hätte.

Was nun diese Erniedrigung angeht: Mit der Menschwerdung wollte Christus die Natur des Menschen vollkommen annehmen – bis auf die Sünde –, um sie heilen zu können. Ganz ehrlicher, tiefer kann keine Herablassung gehen … Da kommt mir unwillkürlich jene Passage aus dem zweiten Teil des Glaubensbekenntnisses in den Sinn, wo es heißt »hinabgestiegen in das Reich des Todes«. Das Reich des Todes – die Unterwelt – war für mich immer ein großes Mysterium. In Wirklichkeit trägt doch wohl jeder Mensch die Unterwelt in sich, und diese gleicht nicht selten der Hölle. Doch mit der Menschwerdung ändert sich alles: meine Beziehung zu Gott, zu mir und zu den anderen Menschen. Und kein einziger Punkt meines Lebens ist so fern von Gott, dass ihn das hindern könnte, zu mir zu kommen, mich an der Hand zu nehmen und mich in sein Reich zu führen, das Haus des Vaters.

Wenn es um den Abstieg in die Unterwelt geht, haben die Jungen und Mädchen der NGO *Comunità Nuovi Orizzonti*, die sich für die Umsetzung des Evangeliums stark machen, vielleicht mehr zu sagen als ich. Gestern[10] habe ich sie in der Cittadella Cielo[11] in Frosinone besucht. In der kleinen Kapelle des Zentrums hängt eine Ikone, die Jesus im Reich des Todes zeigt. Dort nimmt er Adam an der Hand und trägt ihn mit sich fort. Das ist die ursprünglichste Geste Jesu: Er lässt sich herab, um uns zu erheben, um uns wieder auf die Beine zu helfen. Und Gott lässt sich zu den Menschen herab, indem er in der Person Jesus Christus Mensch wird (»geboren von der Jungfrau Maria«) und alle Folgen auf sich nimmt (»gelitten unter Pontius Pilatus, gekreuzigt, gestorben und begraben«) bis hin zur absoluten Erniedrigung (»hinabgestiegen in das Reich des Todes«). Jesus lehrt uns diesen Weg. Gestern, als ich die Geschichten dieser jungen Leute hörte, dachte ich: Jesus steigt *tatsächlich* hinab ins Reich des Todes. Und wenn ich dann diese christlichen »Saubermänner« sehe, die sich im Vollbesitz der Wahrheit glauben, der Rechtgläubigkeit, der einzig wahren Lehre, Leute, die immer sagen: »Es muss genauso gemacht werden und nicht anders«, Leute, die sich nicht einmal die Hände schmutzig machen, um einem anderen aufzuhelfen; wenn ich solche Christen sehe, sage ich: Ihr seid keine Christen. Ihr seid Theisten[12], getauft mit den Wassern des Christentums, aber ihr seid dort noch lange nicht angekommen. Wenn Gott sich bis zu diesem Punkt die Hände schmutzig macht, wenn er in unsere Hölle, unsere Unterwelt hinabsteigt, dann müssen wir seinem Beispiel folgen. Natürlich kommt es vor, dass der ein oder andere sagt: »Nein, ich schaffe das nicht so weit…« Gut, würde ich zu diesem Menschen sagen, aber dann bist du kein echter Christ. Du bist nur ein halber Christ, ein oberflächlicher, oder vielleicht gar keiner. Du bist ein Mensch, der an Gott glaubt, der klar umrissene Vorstellungen von der Erlösung hat, meinetwegen auch an Satan glaubt, an dessen Existenz; aber dann bleibst du »an der Pforte« zur Unterwelt stehen und fängst an zu kalkulieren. Es ist die Verweltlichung, die uns so weit gebracht hat. Aus diesem Grund hat Pater Henri de Lubac geschrieben, als er über die geistige Verweltlichung schrieb, das schlimmste Übel, das die Kirche befallen kann: »Die Geschichte bestätigt [das]. Die zahlreichen Gründe, die man dagegen anführen kann, beweisen schließlich nur, dass die Menschen eben Menschen sind, dass auch innerhalb der Kirche viel Weltliches in den Gewissen verblieben ist.«[13] Und weiter im Text: »Die Welt im verruchten Sinne dieses Wortes […] In dem Maße, als diese sich ausbreitet, findet die Kirche die alte Welt in ihrem Innern wieder: nur subtiler drohend […] Ja mehr: Der

Kampf spielt sich im Innern eines jeden ihrer Glieder ab und dauert bis zuletzt. Die Kirche weiß es. […] Immer neu werden Wirren, Irrtümer, Verkehrtheiten ihr Wirken infrage stellen.«[14]

Christus hat sich unter uns begeben, er ist Mensch geworden in Galiläa. Dort hat er gepredigt … aber das war noch nicht alles: Er ist hinabgestiegen in das Reich des Todes. Die geistige Verweltlichung hält das Herabsteigen Gottes zu uns auf halbem Weg auf.

DIE ZENTRALE ROLLE
VON JESUS CHRISTUS

Der Apostel Paulus zeigt uns eine tiefgreifende Sicht
der zentralen Rolle Christi auf. Er nennt ihn nämlich
»den Erstgeborenen der ganzen Schöpfung«: In ihm,
durch ihn und auf ihn hin wurde alles erschaffen. Er ist
der Mittelpunkt von allem, er ist der Ursprung: unser
Herr Jesus Christus. Gott hat ihm alle Fülle verliehen,
allen Vorrang, denn durch ihn wird alles versöhnt (siehe
Kol 1, 12–20). Herr der Schöpfung, Herr der Versöhnung.

Dieses Bild zeigt uns, dass Jesus im Mittelpunkt der
Schöpfung steht. Daher wird vom Gläubigen verlangt,
wenn er denn ein solcher sein will, dass er diese zentrale Rolle unseres Herrn Jesus im Leben anerkennt und
annimmt, in Gedanken, Worten und Taten. So werden unsere Gedanken *christlich*, werden zu Gedanken
Christi. Unsere Worte werden christlich, werden zu
Worten Christi. Verlieren wir aber diesen Mittelpunkt,

weil wir ihn durch etwas anderes ersetzen, dann kann daraus nur Schaden erwachsen, für unser Umfeld und den Menschen selbst.

Denn Christus ist nicht nur Mittelpunkt der Schöpfung und Mittelpunkt der Versöhnung, er ist auch der Mittelpunkt des Gottesvolkes. [...] Christus, der Nachkomme von König David, ist wahrhaft der »Bruder«, um den herum sich das Volk gruppiert, der sich um sein Volk kümmert, um uns alle, und das um den Preis seines Lebens. In ihm sind wir eins; *ein* Volk, mit ihm vereint, das *einen* Weg teilt, *eine* Bestimmung. Nur in ihm als unserem Mittelpunkt haben wir als Volk eine Identität.

Und schließlich ist Christus auch der *Mittelpunkt der Menschheitsgeschichte* und damit der *Mittelpunkt der Geschichte jedes Einzelnen*. Ihm können wir erzählen von unseren Freuden und Hoffnungen, unserer Trauer und unseren Ängsten, von allem, das unser Leben durchzieht. Wenn Christus im Mittelpunkt steht, dann strahlen auch die dunkelsten Momente unseres Daseins. Er gibt uns Hoffnung im Evangelium von heute, wie damals dem Dismas, dem guten Schächer.

Während alle anderen Jesus mit Verachtung begegneten und riefen: »Bist du denn nicht der Messias? Dann hilf dir doch selbst!«, wandte der Mann, der im Leben wahrlich gefehlt hatte, sich dem gekreuzigten Jesus zu und bat ihn: »Jesus, denk an mich, wenn du in dein Reich kommst.« (Lk 23, 42) Und Jesus verspricht ihm: »Amen, ich sage dir: Heute noch wirst du mit mir im Paradies sein.« (Lk 23, 43) In seinem Reich. Jesus spricht nur Worte der Vergebung, nicht der Verdammnis. Und als der Mann den Mut aufbrachte, ihn um Vergebung zu bitten, nimmt sich der Herr dieser Bitte an. Heute denken wir meistens an unsere Geschichte, unseren Lebensweg. Jeder von uns hat seine eigene Geschichte, jeder von uns hat auch Fehler, Sünden, Glücksmomente und dunkle Stunden. Es wird uns guttun [...], an unsere Geschichte zu denken, den Blick auf Jesus zu richten und aus tiefstem Herzen in aller Stille immer wieder die Bitte an ihn zu richten: »Denk an mich, o Herr, jetzt, wo Du in Deinem Reich bist! Jesus, erinnere Dich meiner, denn ich möchte gut werden, ich möchte so gerne gut sein, aber es fehlt mir oft an Kraft und ich schaffe es nicht: Ich bin sündig, sündig. Daher denk an mich, o Jesus! Du kannst Dich meiner erinnern, weil Du der Mittelpunkt bist, Du in Deinem Reich!« Wie wunderbar! Machen wir das doch einfach alle zusammen, jeder in seinem Herzen, immer wieder: »Denk an mich, o Herr, Du, der Du im Mittelpunkt bist. Du, der Du in Deinem Reich bist!«

Das Versprechen Jesu an Dismas schenkt uns Hoffnung: Es sagt uns, dass die Gnade Gottes immer größer ist als das Gebet darum. Der Herr schenkt immer mehr.

Er ist so großzügig, dass er immer mehr schenkt, als man von ihm erbittet: Wenn du ihn bittest, sich deiner zu erinnern, dann nimmt er dich auf in sein Reich! Jesus ist der Mittelpunkt all unserer Wünsche nach Freude und Heil. Lasst uns gemeinsam diesen Weg beschreiten!

Io credo in Dio, Padre onnipotente

Creatore del cielo e della terra.

E in Gesù Cristo,

Suo unico Figlio, nostro Signore,

il quale fu concepito di Spirito Santo

nacque da Maria Vergine,

patì sotto Ponzio Pilato, fu crocifisso,

morì e fu sepolto ; discese agli inferi;

il terzo giorno risuscitò da morte;

salì al cielo, siede alla destra

di Dio Padre onnipotente;

di là verrà a giudicare i vivi e i morti.

Credo nello Spirito Santo,

la Santa Chiesa cattolica,

la comunione dei santi,

la remissione dei peccati,

la risurrezione della carne,

la vita eterna.

Amen.

Ich glaube an Gott, den Vater, den Allmächtigen,

den Schöpfer des Himmels und der Erde,

und an Jesus Christus,

seinen eingeborenen Sohn, unsern Herrn,

empfangen durch den Heiligen Geist,

geboren von der Jungfrau Maria,

gelitten unter Pontius Pilatus, gekreuzigt,

gestorben und begraben, hinabgestiegen in das Reich des Todes,

am dritten Tage auferstanden von den Toten,

aufgefahren in den Himmel; er sitzt zur Rechten Gottes,

des allmächtigen Vaters;

von dort wird er kommen, zu richten die Lebenden und die Toten.

<u>Ich glaube an den Heiligen Geist,</u>

die heilige katholische Kirche,

Gemeinschaft der Heiligen,

Vergebung der Sünden,

Auferstehung der Toten

Und das ewige Leben.

Amen.

ICH GLAUBE AN DEN
HEILIGEN GEIST

Die dritte Wahrheit des Glaubensbekenntnisses betrifft den Heiligen Geist. Vor einiger Zeit haben Sie, Heiliger Vater, anlässlich des 160. Todestages des Hl. Pfarrers von Ars[15] einen Brief an die Priester gerichtet, in dem Sie in ergreifenden Worten vom Heiligen Geist sprechen: »*Der Herr reinigt seine Braut, und er sorgt dafür, dass wir alle uns zu ihm bekehren. Er lässt uns durch die Prüfung gehen, damit wir verstehen, dass wir ohne ihn Staub sind. Er rettet uns aus der Heuchelei, aus der Spiritualität des schönen Scheins. Er haucht seinen Geist auf uns, um seiner Braut, die auf frischer Tat beim Ehebruch ertappt wurde, die Schönheit zurückzugeben.* [...] *Das ist die Geschichte der Kirche. Das ist meine Geschichte, kann jeder von uns sagen. Und am Ende, aber durch deine Scham, wirst du weiterhin Hirte sein. Unsere demütige Reue, eine stille Reue unter Tränen angesichts der Ungeheuerlichkeit der Sünde und der unergründlichen Größe der Vergebung Gottes, diese demütige Reue ist der Beginn unserer Heiligkeit.*«[16]

*Ist dies die wichtigste Aufgabe des Geistes? Auf die Scham
zu hauchen, um das heilige Feuer wieder zu entfachen, das
im Menschen wohnt?*

Es ist eine seiner Aufgaben. Auch ich denke, wie der
orthodoxe Theologe Sergej Bulgakow, gerne über die
»Selbsterniedrigung« nach, über die Synkatábasis/Ké-
nosis des Heiligen Geistes. Wenn Du Dich fragst: »Wie
sieht das Gesicht Jesu aus?« oder: »Wie stelle ich mir
den Vater vor?«, dann kannst du mir das sagen. Das ist
ein gutes Beispiel ...

Nun, ich habe das Bild meines Papas vor Augen ...

Aber wie ist der Heilige Geist? Welche Aufgaben erfüllt
er? Welches Gesicht hat er? Der Heilige Geist ist seine
eigene Erniedrigung. Er ist nicht *als er selbst* erkennbar,
sondern *nur als seine Gabe.* Vom Heiligen Geist kennen
wir nur die Gaben. Er ist *diese* Gabe. Wie aber der Heilige Geist ist, wissen wir nicht. Wir wissen, dass er es
ist, der die Einheit von Vater und Sohn stiftet, wie ihr
Theologen sagt. Er lässt uns das Wort des Herrn ver-
nehmen, weil er, wie es im Großen Glaubensbekenntnis
heißt, »gesprochen hat durch die Propheten.« Ihr Theologen kennt diese Dinge gut, und sie sind wahr. Auch
der Heilige Geist vollzieht eine Form der »Erniedri-

gung«, eine Synkatábasis, was wörtlich »Herabsteigen«
heißt. Er ist das Heilige Wesen, das uns seine Gaben
zugänglich macht. Eine davon ist der Hauch, der die
Kirche wachsen lässt. Bulgakow schreibt darüber: »Der
Heilige Geist ist der Schöpfung nicht nur in den gesegneten Gaben der Sakramente und dem Herabsteigen Gottes gegeben, sondern auch in der Existenz des
Menschen selbst, aufgrund der ursprünglichen Gnade
der Schöpfung. Wenn die Kraft des Heiligen Geistes
den Kreaturen Leben und Dasein schenkt, müssen wir
daraus schließen, dass diese Kraft bis zu einem gewissen
Punkt in den Kreaturen verbleibt, *unabhängig* von deren
Selbstbestimmung oder gar von deren Fall. Die Kéno-
sis des Heiligen Geistes in der Schöpfung […] drückt
sich nicht nur in seiner freiwilligen Selbstbeschränkung
auf das Maß der Geschöpfe aus, sondern auch in der
Vereinbarkeit der *Kraft* des Heiligen Geistes mit der
Selbstbestimmung eben dieser Kreatur, die sündig sein
kann, sich vom Gesetz abwendet, ja Gott mitunter sogar feindselig gegenübersteht.«[17] Eine andere Gabe, die
mir sehr gefällt und die Kirche tief berührt, ist die *Viel-
gestaltigkeit* des Heiligen Geistes. Sie ist eine Gabe des
Heiligen Geistes, weil dieser der Schöpfer der Verschiedenheit in der Kirche ist: Tatsächlich unterscheiden wir
uns alle voneinander. Gleichzeitig ist der Heilige Geist
aber auch der Schöpfer der *Einheit*. Aus der Vielgestal-

tigkeit schafft der Heilige Geist Einheit und Harmonie. Maximus der Bekenner schreibt dazu: Die Unterschiedlichkeit müsse gewahrt werden, weil sie gut ist. Die Spaltung aber ist eine Pervertierung der Mannigfaltigkeit und damit böse.[18]

Ohne die Ursprünge auszulöschen ...

Ohne sie auszulöschen. Es ist wie ein Orchester: Der Heilige Geist bringt zuerst alle Musiker dazu, ihr Bestes zu geben, dann schafft er das Zusammenspiel, die Harmonie. Und einer seiner Handlungen zur Herstellung der Harmonie ist es, auf die Asche unserer vielen – wirklich sehr vielen! – beschämenden Übertretungen zu hauchen, um die Wahrheit zu *enthüllen*. Der Heilige Geist bewirkt, dass wir uns unser selbst bewusst werden. Wenn dies zur Scham führt – was so gut wie immer der Fall ist –, dann ist dies eine Gnade. Mich berührt stets der letzte Satz des 16. Kapitels von Ezechiel, über das wir schon mehrfach gesprochen haben. Dort heißt es: »Dann sollst du dich erinnern, sollst dich schämen und vor Scham nicht mehr wagen, den Mund zu öffnen, weil ich dir alles vergebe, was du getan hast.« (Ez 16, 63) Das Bewusstsein, erlöst zu werden, ist immer mit einem Gefühl der Scham verbunden: Sieh mal einer an, ich habe dies oder jenes getan. Mein Leben wäre eine Katas-

trophe, wenn mich nicht jemand an der Hand nehmen
würde. Dies ist eine der Gaben des Heiligen Geistes: Er
bewahrt die Scham.

*In der Geschichte der Kirche, Heiliger Vater, finden sich
letztlich zwei Richtungen: Da sind jene, die dazu neigen,
sich zurückzuziehen, und die anderen, die dazu anhalten,
auf möglichst sanfte Weise die Initiative zu ergreifen. Ich
verbinde die Fähigkeit, initiativ zu werden, immer mit
einer Gabe des Heiligen Geistes. Ein schönes Beispiel dafür
kenne ich aus Padua, meiner Stadt: Das CUAMM, das* Col-
legio Universitario Aspiranti Medici Missionari *(Uni-
versitäres Kolleg für angehende Missionsärzte). Das Kolleg bildet Ärzte aus, die dann nach Afrika gehen, um die
Hoffnung für den Kontinent aufrechtzuerhalten. Nun sagen
Sie ja häufig, dass die Kirche keine NGO ist. Andererseits
aber stimmt es natürlich, dass die Erfahrung der Solidarität durch die Kirche, die vom Heiligen Geist inspiriert ist,
diese in den Augen der Welt glaubwürdiger macht. Wie können wir also die richtige Beziehung schaffen zwischen dem
Wunsch, einerseits nicht zur NGO zu werden, dabei aber
doch eine Präsenz zu zeigen, die hilft, den Lauf der Geschichte zu verändern?*

Dieselbe Beziehung, die zwischen Wurzel, Baum, Blüte
und Frucht besteht: die der Gesamtheit. Die Frucht

einer NGO zum Beispiel ist ja kirchlich nicht interessant, wenn sie nicht ihre Wurzeln in der Tradition hat, im Sinne der »lebendigen Tradition des Volkes«. Der Heilige Irenäus von Lyon schrieb ja: »Der Pfad derer, die zur Kirche gehören, führt um die ganze Welt herum, aber er hat die feste, apostolische Tradition und lässt uns erkennen, dass aller Glaube ein und derselbe ist: Alle bekennen ein und denselben Gott Vater, alle glauben an dieselbe Ordnung der Menschwerdung des Sohnes Gottes, wissen von ebenderselben Gabe des Geistes, beachten ebendieselben Gebote.«[19]

Deine Oma, die Dir von der »Sehnsucht« erzählte, hatte ja bestimmt nicht an der Päpstlichen Universität Gregoriana studiert wie Du...

Meine Oma hatte noch nicht mal die Grundschule abgeschlossen...

...und doch wusste sie, Dir die feste Tradition zu vermitteln. Eine NGO ist christlich, wenn sie wie die Frucht eines Baumes erscheint, der auch noch Blätter, Zweige, einen Stamm und Wurzeln hat. Sie ist dann Frucht des Ganzen.

Wissen Sie, was mir dazu einfällt? Der Satz, den man dem Heiligen Franziskus zuschreibt, auf den Sie einmal verwie-

sen haben: »Verkündet das Evangelium immer durch das Leben und, wenn nötig, auch mit Worten.«

Der Heilige sagt nicht ausdrücklich »durch das Leben«, sondern nur: »Verkündet das Evangelium«[20]. Man versteht von selbst, dass es um die Werke geht, das eigene Zeugnis. Und das ist ganz wörtlich zu verstehen... In Krakau, das ich anlässlich des Weltjugendtages besucht habe, bei dem junge Menschen aus allen Teilen der Welt zusammenkommen, hat ein junger Katholik mich gefragt: »Ich studiere und habe viele Freunde, die nicht an Gott glauben. Ich würde ihnen gern meinen Glauben vermitteln, aber ich weiß nicht, mit welchen Worten: Was soll ich ihnen denn sagen?« Da habe ich unter Rückgriff auf den Heiligen Franziskus gesagt: »Das Letzte, was du tun sollst, ist *Reden*. *Lebe* deinen Glauben, dann werden sie dich fragen. ›Warum lebst du denn so?‹« Das ist mit Zeugnis vom Glauben gemeint. Auch zu Dir ist der Glaube durch das Zeugnis der Familie, des Volkes, eines Priesters oder eines Freundes gekommen. Ich weiß nicht, von wem, aber sicher geht er auf das Zeugnis eines anderen Menschen zurück. Nicht auf die Lektüre des Denzinger...

Ich will Ihnen noch mehr erzählen, Heiliger Vater: Manchmal habe ich das Gefühl, dass Gott durch Kunstwerke zu mir spricht. Das Genie einer Dichterin spricht mich an oder die Gnade eines Malers, manchmal selbst der Schwung eines Fernsehmoderators. Das zeigt mir vor allem eines: Diese Künstler behaupten – zumindest zum größten Teil –, nicht gläubig zu sein. Und doch schaffen sie Werke, die zu sagen scheinen: Siehst du, wie schön die Welt ist? Nun werde ich eine gewagte Frage stellen: Können wir auch bei Menschen, die nicht gläubig sind, von einer immerhin schwachen mystischen Erfahrung sprechen, wenn sie die Schönheit auszudrücken verstehen, die wir in der Welt sehen?

Ich hoffe, Du erlaubst mir die folgende Antwort ... Ich weiß nicht, ob das zulässig ist, ich jedenfalls glaube es: Das sind die *Scherze* Gottes. Und zwar echte Scherze! Gott berührt unser Herz und inspiriert uns, weil der Mensch sein Werk ist. Und er liebt uns. Er liebt sogar die Sünder und Verräter. Denk doch nur an die berühmte Gründonnerstagspredigt von Don Primo Mazzolari über Judas.[21] Judas scheint ein Atheist zu sein, ein Anti-Gott, der Gott verraten hat. Und doch gibt es zumindest einen Künstler, der verstanden hat, dass es eben der verratene Gott war, der Judas das Leben geschenkt hat. Es existiert da in der Basilika von Vézelay[22] ein Säulenkapitell aus dem 12. Jahrhundert. Auf einer Seite sehen wir dort Judas, der sich erhängt hat und von Teufeln umtanzt wird. Auf der anderen den Guten Hirten, der sich den armen Judas auf die Schultern geladen hat. Und auf den Lippen des Guten Hirten zeigt sich ein ironisches Lächeln, als wolle er sagen: »Auch heute habe ich gesiegt.« Vor gut einem Monat habe ich das Werk von Pater Marko Ivan Rupnik, einem zeitgenössischen Künstler, gesehen. Er hat das Motiv des Kapitells von Vézelay mit modernen Ausdrucksmitteln dargestellt. Es ist sehr berührend zu sehen, wie ein großer Künstler uns verdeutlicht, wie weit Gott tatsächlich gegangen ist. Es gibt Künstler, die nicht gläubig sind, sich aber auch nicht gegen den Glauben wenden. Gerade sie können von der Gnade des Herrn berührt werden. Und der Herr lässt seine Gaben nicht verlöschen. Wenn allerdings ein Künstler, der sich tatsächlich gegen den Glauben wendet (also nicht nur nicht gläubig oder atheistisch ist), die Gaben, die er empfangen hat, gegen Gott verwendet, dann ist dies Blasphemie. Und es gibt Künstler, die zu dieser Gattung gehören: Sie schaffen *teuflische* Werke.

DER HEILIGE GEIST
SCHAFFT DIE EINHEIT

Pfingsten kam für die Jünger nach fünfzig Tagen der Ungewissheit. Auf der einen Seite war Jesus auferstanden: Voller Freude hatten sie ihn gesehen und gehört, ja sogar mit ihm gegessen. Andererseits hatten sie ihre Zweifel und Ängste noch nicht abgelegt. Sie hatten sich hinter verschlossenen Türen verschanzt (siehe Joh 20, 19–26). Sie hatten keine positive Vision und waren unfähig, die Auferstehung Christi zu verkünden. Dann aber kam der Heilige Geist und ihre Sorgen verschwanden: Nun hatten die Apostel keine Angst mehr vor den Häschern, die sie fangen wollten. Ging es ihnen vorher vor allem darum, ihr eigenes Leben zu retten, war nun jede Angst vor dem Tod von ihnen abgefallen. Hatten sie sich vorher eingeschlossen, so gingen sie nun hinaus und sprachen alle Welt an. Bis zu Jesu Himmelfahrt erwarteten sie Gottes Reich für sich (siehe Apg 1, 6), nun waren sie ungeduldig und woll-

ten in unbekannte Länder aufbrechen. Vorher hatten sie
nie zu anderen Menschen gesprochen, und wenn sie es
getan hatten, hatten sie häufig Unheil angerichtet, wie
Petrus, der Jesus verleugnet hatte. Nun aber sprachen
sie offen zu allen. Die Geschichte der Jünger, die schon
an ihr Ende gekommen zu sein schien, wurde *von der
Jugend des Heiligen Geistes* erneuert: Diese jungen Leute,
die in ihrer Ungewissheit meinten, jetzt sei alles vorbei,
wurden von einer Freude verwandelt, die zu ihrer Wiedergeburt führte. Dafür war der Heilige Geist verantwortlich. Dabei ist der Geist keineswegs eine abstrakte
Größe, wie man meinen möchte. Er ist vielmehr eine
Person, ganz real, ganz nah, und er kann unser Leben
wahrhaft verändern. Wie er das anstellt? Nun, schauen
wir uns doch die Apostel nur einmal an. Der Heilige
Geist hat ihnen die Dinge nicht einfacher gemacht. Er
hat keine spektakulären Wunder gewirkt, noch Probleme und Hindernisse ausgeräumt. Er hat nur einfach in
das Leben der Apostel jene Harmonie einkehren lassen,
die ihnen fehlte, seine Harmonie, denn er *ist* Harmonie.

Die Harmonie im Innern des Menschen. Tief in
ihrem Herzen brauchten die Apostel diese Verände-
rung. Ihre Geschichte sagt uns, dass nicht einmal der
Anblick des Wiederauferstandenen genügt, wenn man
ihn nicht ins Herz einlässt. Es nützt nichts zu wissen,
dass der Auferstandene lebt, wenn man nicht selbst die

Auferstehung erlebt. Und es ist eben der Heilige Geist, der Jesus in uns leben und wieder aufleben lässt, weil er uns selbst auferweckt. Aus diesem Grund wiederholt Jesus bei der Begegnung mit seinen Jüngern: »Friede sei mit euch!« (Joh 20, 19–21) und schenkt ihnen dann den Heiligen Geist. Der Friede besteht nicht darin, äußere Probleme zu lösen – Gott erspart den Seinen keine Verfolgung, kein Leid –, sondern darin, den Heiligen Geist zu empfangen. Darin besteht der Friede; und dieser Friede, der den Aposteln zuteil wird, jener Friede, der nicht von den Problemen befreit, sondern uns in den Problemen frei werden lässt, dieser Friede steht jedem von uns frei. Dies ist ein Friede, der das Herz gleich dem tiefen Meer macht, wo immer Stille herrscht, auch wenn sich an der Oberfläche die Wellen kräuseln. In ihm liegt eine so tiefe Harmonie, dass selbst die Verfolgungen als selig erlebt werden. Wie oft bleiben wir dagegen an der Oberfläche! Statt den Heiligen Geist zu suchen, kämpfen wir verzweifelt darum, nicht unterzugehen. Wir bilden uns ein, dass alles besser wird, wenn das Problem vorübergeht, wenn ich diesen speziellen Menschen nicht mehr sehe, wenn diese oder jene Situation sich verbessert hat. Aber genau damit bleiben wir ja an der Oberfläche: Denn kaum ist dieses Problem vorbei, kommt das nächste und unsere Unruhe kehrt zurück. Wir werden nicht gelassen, wenn wir uns von anderen Menschen abkoppeln, die anders denken als wir. Wir entwickeln keinen inneren Frieden, wenn wir die aktuelle Schwierigkeit lösen. Der Umschwung kommt vielmehr durch den Frieden Jesu, die Harmonie des Heiligen Geistes.

Heute, inmitten der Hektik, die unsere Zeit uns aufdrängt, will es scheinen, als sei die Harmonie eine Randerscheinung geworden: Man zerrt von allen Seiten an uns, bis wir vor Nervosität beinahe in die Luft gehen und buchstäblich auf alles negativ reagieren. Wir neigen zu schnellen Lösungen, werfen eine Pille nach der anderen ein um vorwärtszukommen, durchleben eine heftige Emotion nach der anderen, um uns lebendig zu fühlen. Dabei brauchen wir vor allem den Heiligen Geist: Er ist es, der Ordnung in die Hektik bringt. Er ist der Friede in der Unruhe, das Vertrauen in der Entmutigung, die Freude in der Trauer, die Jugend im Alter, der Mut in der Prüfung. Er ist es, der in den heftigen Stürmen des Lebens den Anker der Hoffnung auswirft. Es ist der Geist, der – wie der Heilige Paulus sagt – verhindert, dass wir neuerlich in Angst und Schrecken verfallen, weil wir uns wie geliebte Kinder fühlen dürfen (siehe Röm 8, 15). Er ist der Tröster, der uns die Zärtlichkeit Gottes verspüren lässt. Ohne den Heiligen Geist franst das christliche Leben aus, weil es der Liebe

beraubt ist, die alles zusammenhält. Ohne den Heiligen
Geist wäre Jesus nur eine beliebige historische Persön-
lichkeit, mit dem Heiligen Geist aber lebt er auch heute
noch. Ohne den Heiligen Geist wäre die Bibel nur toter
Buchstabe, mit ihm aber ist sie das lebendige Wort Gottes. Ein Christentum ohne den Geist wäre nur freud-
loser Moralismus. Mit ihm aber ist es Leben.

Der Heilige Geist vermittelt aber Harmonie nicht nur
in uns, sondern auch *außerhalb*, unter den Menschen. Er
erst macht uns zur Kirche und bindet die unterschiedlichen Teile zu einem harmonischen Ganzen zusammen. Der Heilige Paulus erklärt das sehr schön, wo er
über die Kirche spricht und immer wieder den Begriff
und immer wieder das Wort »verschieden« gebraucht:
»verschiedene Gnadengaben, verschiedene Dienste, verschiedene Kräfte« (1 Kor 12, 4–6). Wir sind verschieden,
in der Mannigfaltigkeit der Eigenschaften und Bega-
bungen. Der Heilige Geist verteilt sie höchst fantasie-
voll, ohne sie zu verflachen oder gleichzumachen. Und
von dieser Verschiedenheit ausgehend schafft er die
Einheit. Er tut dies seit Anbeginn der Schöpfung, weil
er darauf spezialisiert ist, aus dem Chaos die geordnete
Welt des Kosmos zu schaffen, ihn ins Gleichgewicht zu
bringen. Es ist seine Spezialität, die Mannigfaltigkeit zu
schaffen in all ihrem Reichtum, sodass jeder seine Ei-
genart besitzt. Er ist der Schöpfer dieser Vielfalt und

gleichzeitig ist er es, der harmonisiert, der der Vielheit Harmonie und Einheit schenkt. Nur der Heilige Geist vermag dies.

In unserer heutigen Welt haben sich die Disharmonien zu wahren Spaltungen ausgewachsen: Da sind jene, die viel besitzen, und jene, die gar nichts haben. Jene, die versuchen, hundert Jahre alt zu werden, und jene, die nicht einmal auf die Welt kommen können. In der Zeit der Computer wahrt man Distanz: Man ist mehr »social«, aber weniger sozial. Wir brauchen den Geist der Einheit, der uns als Kirche erneuert, als Volk Gottes, ja als Menschheit überhaupt. Der uns selbst erneuert. Da ist stets die Versuchung, sich irgendwo ein »Nest« zu bauen: sich auf die eigene Gruppierung zurückzuziehen, auf die eigenen Vorlieben, um Gleiches mit Gleichem zu vereinen und allergisch auf jede Art »Kontamination« zu reagieren. Der Schritt von solch einem Nest zur Sekte ist nicht weit, auch innerhalb der Kirche. Wie häufig definieren wir unsere Identität, indem wir uns gegen etwas oder jemanden abgrenzen! Der Heilige Geist aber vereint jene, die fern voneinander sind, er sammelt die Versprengten ein. Er verschmilzt die unterschiedlichen Tonlagen zu einem harmonischen Klang, weil er vor allem das Gute sieht, den Menschen eher als seine Fehler, die Person eher als ihr Tun. Der Geist gestaltet die Kirche und die Welt als Ort der Kinder und Brüder. »Kinder« und »Brüder«: Diese Substantive zählen mehr als jedes Adjektiv, das sich mit ihnen verbinden mag. Die Sache mit den Adjektiven ist in Mode, leider auch zum Zwecke der Beleidigung. Man könnte fast sagen, dass wir in einer Kultur der Adjektive leben, die das Substanzielle der Dinge übersieht. Und auch in einer Kultur der Beleidigung, die als erste Reaktion auf eine Meinung fällt, die ich nicht teile. Wir werden uns erst danach bewusst, dass dies Wunden schlägt, und zwar sowohl beim Beleidigten als auch beim Beleidiger. Wenn wir Böses mit Bösem vergelten, wenn wir vom Opfer zum Schlächter werden, ist dies kein gutes Leben. Wer nach dem Heiligen Geist lebt, bringt Frieden dorthin, wo vorher der Konflikt herrschte. Vom Heiligen Geist inspirierte Menschen aber vergelten Schlechtes mit Gutem. Auf Arroganz reagieren sie mit Sanftmut, auf Bosheit mit Güte, auf das Laute mit der Stille, auf den Tratsch mit dem Gebet, auf Mutlosigkeit mit einem Lächeln.

Io credo in Dio, Padre onnipotente

Creatore del cielo e della terra.

E in Gesù Cristo,

Suo unico Figlio, nostro Signore,

il quale fu concepito di Spirito Santo

nacque da Maria Vergine,

patì sotto Ponzio Pilato, fu crocifisso,

morì e fu sepolto; discese agli inferi;

il terzo giorno risuscitò da morte;

salì al cielo, siede alla destra

di Dio Padre onnipotente;

di là verrà a giudicare i vivi e i morti.

Credo nello Spirito Santo,

la Santa Chiesa cattolica,

la comunione dei santi,

la remissione dei peccati,

la risurrezione della carne,

la vita eterna.

Amen.

Ich glaube an Gott, den Vater, den Allmächtigen,

den Schöpfer des Himmels und der Erde,

und an Jesus Christus,

seinen eingeborenen Sohn, unsern Herrn,

empfangen durch den Heiligen Geist,

geboren von der Jungfrau Maria,

gelitten unter Pontius Pilatus, gekreuzigt,

gestorben und begraben, hinabgestiegen in das Reich des Todes,

am dritten Tage auferstanden von den Toten,

aufgefahren in den Himmel; er sitzt zur Rechten Gottes,

des allmächtigen Vaters;

von dort wird er kommen, zu richten die Lebenden und die Toten.

Ich glaube an den Heiligen Geist,

die heilige katholische Kirche,

Gemeinschaft der Heiligen,

Vergebung der Sünden,

Auferstehung der Toten

Und das ewige Leben.

Amen.

ICH GLAUBE AN DIE HEILIGE KATHOLISCHE KIRCHE

Heiliger Vater, der erste Teil des Glaubensbekenntnisses schließt mit dem Glauben an das dritte Element der Dreifaltigkeit, den Heiligen Geist. Dann heißt es im Text weiter: »Ich glaube an die heilige katholische Kirche«. Mitte April 2019 hat, wie Sie sich sicher erinnern, ein schreckliches Feuer die Kathedrale von Notre Dame zerstört. An jenem Abend in Paris knieten Menschen auf der Straße und brachen in Tränen aus. Viele Stimmen sagten damals: Das Symbol der Christenheit ist gefallen, die Mutter aller Kirchen. Das Ereignis hat überall große Ergriffenheit ausgelöst. Gleichzeitig aber brannten in Karakosch und Mossul im Irak, aber auch in Nigeria und Syrien nicht Steine, sondern Menschen. Dazu aber wussten die Christen wie der Großteil der Welt nichts zu sagen. Wenn man also von »Kirche« spricht, besteht da nicht die Gefahr, ihre Symbole zu verteidigen, aber ihre

Inhalte zu vergessen? Dass wir die Steine schützen, aber die Menschen vergessen?

Dieses Risiko besteht, aber es gibt da eben auch die Gefahr, eine Organisation zu verteidigen, eine Organisationsform der Kirche, die einer vergangenen Zeit angehört. Das Herzstück der Organisation Kirche sind die von Jesus gestifteten Sakramente: die Taufe, die Firmung und die Eucharistie – die Sakramente der *christlichen Initiation*; dann die Buße und die Krankensalbung, die Sakramente der *Heilung*; und schließlich die Sakramente der Priesterweihe und der Ehe – jene Sakramente, die für die *Gemeinschaft* und ihre *Unterweisung im Glauben* wichtig sind. Das ist der Organisationsmodus der Kirche.[23] Andere Organisationsformen, die dem Heiligen Geist verschlossen sind, sind nicht kirchlich. Sie sind vielleicht religiös (*ecclesiastico*), aber nicht kirchlich (*ecclesiale*).

Im Laufe der Geschichte ergaben sich dann unzählige Verzerrungen, und zwar sowohl im *Verständnis* der Kirche wie in ihrer *Organisation*. Wenn wir die Kirchengeschichte studieren, sehen wir, dass es viele Skandale gegeben hat, Irrtümer, in die die Kirche verfallen ist, weil sie schlecht organisiert war. Ein Beispiel aus dem Werk des Historikers Ludwig von Pastor[24]: Er kam nicht als Katholik zur Welt, war aber ein angesehener Gelehrter, dem man die vatikanischen Archive zugänglich machte. Und am Ende seiner Arbeit bekehrte er sich zum Katholizismus, obwohl er gesehen hatte, wie viele Fehler in Organisation und Leben der Kirche geschehen waren, wie viele Skandale stattgefunden hatten, wie viele schwerwiegende Sünden begangen worden waren. Warum? Weil er begriffen hat, dass dies menschliche Verirrungen waren. Nur so begreift man, ob ein Werk wahrhaft göttlich ist. Es gibt Organisationen, die wir für christlich halten, es aber nicht sind. Es sind Organisationen menschlicher Prägung. Eine christliche Organisation aber beruht auf den Sakramenten. Mein Glaubensbruder Henri de Lubac hat geschrieben: »Wo die Kirche im Spiel ist, lässt sich nicht von Fortschritt und Rückgang, Erfolg und Misserfolg reden wie bei Dingen, die der Zeit unterliegen. Das übernatürlich Gute, das sie hienieden zu wirken hat, ergänzt sich zu seiner Fülle nur im Unsichtbaren. Die Ernte wird in der Ewigkeit eingebracht. Von Geschlecht zu Geschlecht erweitert sich die Gemeinschaft der Heiligen. Wir wollen doch nicht wieder anfangen, eine äußerlich triumphierende Kirche zu erträumen. Der Herr hat ihr keine blendenden, stetig wachsenden Erfolge verheißen.«[25]

Was auch immer geschehen mag, Heiliger Vater, die Kirche ist das Zeichen der Präsenz Christi. Weihnachten ist kein reiner Höflichkeitsbesuch… Wenn ich im Gefängnis die Eucharistie feiere und nach dem Vaterunser die Worte spreche: »Schau nicht auf unsere Sünden, sondern auf den Glauben deiner Kirche«, kommt mir immer etwas in den Sinn, was der Philosoph Jacques Maritain sagte: »Die beste Apologetik besteht nicht darin, die Katholiken zu rechtfertigen oder die Fehlenden zu entschuldigen, sie besteht vielmehr darin, diese Fehltritte ausdrücklich namhaft zu machen und zu betonen, dass diese nicht das Wesen des Katholizismus berühren, dass sie die Kraft einer trotz dieser Fehler immer noch lebendigen Religion nur noch umso stärker beleuchten. […] Heilig zu sein trotz sündiger Glieder, das ist der hohe Ruhm der Kirche.«[26] Wie aber gehen Heiligkeit und Sünde zusammen? Einer der Titel, mit denen man sich an den Papst wendet, ist eben »Heiliger Vater«. Und doch haben Sie selbst immer wieder gesagt, dass Sie sich als Sünder fühlen, den Gott voller Barmherzigkeit ansieht. Wenn dies der Fall ist, dann treffen doch bei keinem Menschen Heiligkeit und Sünde aufeinander wie in Ihnen, Heiliger Vater. Ist das nun die Kirche?

Das ist die Kirche! Es gibt eine Formulierung bei den Kirchenvätern, die dies noch deutlicher unterstreicht. Sie bezeichneten die Kirche damals im Lateinischen als *casta meretrix*, als »keusche Buhlerin«, als sündigende Jungfrau[27]. Wie passen diese beiden Aspekte zusammen? Casta meretrix: heilig in sich selbst, aber Mutter von Sündern. Der heilige Johannes Paul II. hat dazu erklärt: »Die Kirche ist heilig, weil Christus ihr Oberhaupt und Bräutigam ist, der Geist ihre lebensspendende Seele, die Jungfrau Maria und die Heiligen ihr echtester Ausdruck. Und trotzdem erkennen die Kinder der Kirche die Erfahrung der Sünde, deren Schatten auf sie zurückfallen und ihre Schönheit verdunkeln.«[28]

Wenn sie zum Beispiel »Männer der Kirche« sehen – wie im Übrigen auch die Journalisten schreiben: »ein Kirchenmann« –, die in der Verweltlichung und im Luxus leben: *Das* soll die Kirche sein? Nein, das sind die *Sünden* der Kirche. Ich möchte Dir hier ein Erlebnis anvertrauen, das mich zutiefst traurig gemacht hat. Ein befreundeter Priester hat mir eine Videoaufnahme gezeigt. Sie war mit dem Handy bei einem Patronatsfest hier in Italien in einer großen Kathedrale gemacht worden. Der Bischof kam herausgetreten, wunderbar in luxuriöse Gewänder gekleidet, goldbestickt, mit einem künstlerisch gestalteten Bischofsstab – ein echtes Schauspiel! Er trug sogar eine kostbare Mitra, die sicher Tausende von Euro gekostet hat. Er war beeindruckend, wie er da die Gläubigen segnete. Er lebte vor, wie majestätisch die Kirche ist. Als er sich umdrehte und in die Kathedrale zurückkehrte, sah man die Umgebung: beinahe leer. Sicher, ein paar Leute saßen schon in der Kirche, aber die Bänke waren alles andere als voll. Das ist Eitelkeit. Das ist die Rache des weltlichen Geistes, der uns glauben machen will, dass *das* Christentum ist. Es gibt Kirchenmänner – und dieser Bischof ist ein guter Mensch, ich habe von ihm viel Gutes gehört –, die glauben, dass die Heiligkeit der Kirche in ihrem Glanz bestünde. Pius XII. wollte die Schleppe der Kardinalsroben kürzen lassen, weil sie zu lang war, zu luxuriös wirkte. Nein, das ist nicht die Kirche. Das ist eine geistliche Art, sie zu organisieren. Und gleichzeitig ist das auch die Sünde der Verweltlichung. Die Heiligkeit der Kirche trug dieser Bischof vermutlich in der Seele. Leider hat er nicht verstanden, dass man sich heute nicht mehr so verhalten kann.

Andererseits kommt diese Frage auch oft nach einem Erdbeben auf, wenn Kirchen oder wunderbare Klöster einstürzen wie zum Beispiel in Norcia in Umbrien.[29] *Alles stürzte in sich zusammen, nur der Tabernakel, ein Kreuz und eine Mariendarstellung blieben stehen. Als sollte das Wesentliche unangetastet bleiben. Schließlich wurde der Schutt weggeräumt und man begann von vorne. Der Hl. Benedikt, der mit seiner Ordensregel (*Ora et labora, *dt. Bete und arbeite.) von der Kirche als Patron Europas betrachtet wird, hat das Christentum in einem für diesen Kontinent historisch schwierigen Moment gestärkt. Er hat Zentren des Gebets,* *der Kultur und der Gastfreundschaft für Arme und Bürger gegründet. In diesem Sinne fällt vor allem auf, dass er seine apostolischen Reisen sozusagen »politisch« plante. Sie führten ihn häufig an Orte, wo es kleine Gemeinden gab und das Christentum noch in der Minderheit war. Für uns, die wir das Europäertum gewöhnlich mit Sicherheit verbinden, wirkt die Auswahl dieser Orte manchmal, als würde er uns an den Ohren ziehen. Wie wählen Sie, Heiliger Vater, die Orte aus, zu denen Sie reisen, um die Menschen in ihrem Glauben zu bestärken?*

Diese Wahl treffe nicht ich. Es ist vielmehr der Heilige Geist, der die Inspiration dazu gibt. Der Geist macht deutlich, dass dieser oder jener Ort einen Besuch erhalten sollte. Und wie macht er das? Zunächst wird er an diesem Ort tätig. Er erregt Aufsehen, macht Krawall. Daran merkt man dann, dass der Geist am Wirken ist. Als Mutter Teresa spürte, dass der Herr sie auf der Straße haben wollte, fing sie an, zu den Leuten zu gehen. Sie sammelte die Menschen auf, manchmal nur wenige Stunden vor dem Tod, damit sie wenigstens in Frieden sterben konnten. »Das ist doch ein Skandal!«, hieß es damals. »Warum beschränkt sich diese Klosterschwester nicht darauf, Kinder zu unterrichten? Oder Kranke zu pflegen? Sie soll doch die Menschen in Ruhe sterben lassen…« »Aber diese Leute sind doch arm!«, wandte sie ein. »Na, dann werden sie eben arm sterben!«, entgegnete man ihr. Sie aber hörte nicht auf. Und der Geist wirkte weiter, berührte erst ein Gewissen, dann wieder eines. Und das Werk von Mutter Teresa wuchs. Aber es ist der Geist, der entscheidet, an einen bestimmten Ort zu gehen und dort etwas zu bewerkstelligen. Und Mutter Teresa, die vom Tabernakel auf die Straße ging und von der Straße zum Tabernakel zurückkehrte, ist heute eine Heilige und ihr Erbe ist groß. Aber sie hat begonnen, ihre Arbeit zu tun, weil der Heilige Geist ihr das eingab. Solche Dinge geschehen, wenn man die Zeichen des Geistes zu lesen weiß.

Heute Morgen hatte ich ein sehr schönes Glaubenserlebnis. Wirklich wunderschön. In der Kurie arbeitet ein Monsignore, der während seines Studiums in Paris einen französischen Priester des PIME[30] kennenlernte. Dieser war Missionar bei den Völkern im Nordosten Thailands, in der Nähe von Myanmar. Jener Monsignore hatte mir vor Kurzem gesagt, dass der Priester mit acht Gemeindemitgliedern in den Vatikan kommen würde, die erst seit kurzer Zeit Christen seien. Und er fragte, ob ich nicht Zeit hätte, sie zu empfangen. Also habe ich heute Morgen mit ihnen gesprochen. Mit dem Priester kamen sechs Männer und zwei Frauen, alle so um die vierundzwanzig, fünfundzwanzig Jahre alt. Alle verheiratet, mit zwei oder drei Kindern. Sie leben in kleinen Dörfern ohne Strom und fließendes Wasser – sie holen das Wasser von den Brunnen. Der Priester erzählte mir, er habe sie getauft und dann seien sie Katecheten geworden. Und mittlerweile habe er auch ihre Kinder getauft. Ich habe ihn gefragt: »Aber wie sind sie denn so quasi aus dem Nichts zum Glauben gekommen?« Und er: »Ich weiß nicht. Ich bin als Missionar in ihre Dörfer gekommen, und das ist das Ergebnis.« Nach dreißig Jahren. Der Priester hat für uns übersetzt, sodass ich auch mit den Menschen sprechen konnte. Am Ende sagte ich. »Beten wir doch gemeinsam zur Muttergottes.« Sie knieten nieder – obwohl ich nicht darum gebeten hatte – und beteten mit großer Hingabe, während sie ihren Blick auf ein Marienbild richteten. *Das* ist die lebendige Kirche. Aber wer hat den Priester denn dazu gebracht, Missionar zu werden? Der Heilige Geist. Und da der Bischof die Resultate sah, hat er ihn gebeten, auf seinem Posten zu bleiben.

Einmal besuchte mich der katholische Präsident eines nicht-europäischen Landes und sagte mir: »In unserem Land werden wir Katholiken verfolgt: Aber mein Vater war Katechet und hat mich getauft, weil es dort, wo ich zur Welt kam, nicht einmal einen Priester gab.« Das ist der Geist, der die Kirche ausmacht.

Ich habe von Mutter Teresa erzählt, von den jungen Thailändern und von diesem Präsidenten … Aber wir sollten auch über die Kirche in Korea reden. Dort ist die Kirche dank der Priester entstanden. Irgendwann sind diese von dort weggegangen, sodass nur Laiengläubige zurückblieben. Jahrhundertelang, nicht jahrelang haben die Laiengläubigen dort die Kirche vorwärtsgebracht, indem sie Menschen tauften und sie im Glauben unterwiesen. Einmal wollten sie die heilige Messe zelebrieren, aber auch dabei war der Geist für sie da: Sie verstanden schließlich, dass das zu viel wäre. Also haben sie eine Delegation nach China geschickt, um nachzufragen, ob das gestattet sei. Die Kirche in Korea ist eine starke Kirche, die unter schlimmen Verfolgungen zu leiden hatte.

Der Geist wird tätig, wo er will und wie er will. Heute können wir sagen, dass es Orte gibt, an denen er gewirkt hat. Aber wir können auch den gegenteiligen Prozess erkennen. In reichlich gesegneten Regionen kann es vorkommen, dass die Christen, kaum ist die Zeit der Verfolgung vorüber, so selbstsicher werden, dass sie lau im Glauben werden und der Verweltlichung verfallen. Aus diesem Grund müssen wir immer wachsam bleiben. Wir müssen das Werk des Heiligen Geistes bewahren.

DIE KIRCHE IST EINS

[...] Wenn wir die katholische Kirche in der Welt betrachten, stellen wir fest, dass sie fast 3000 Diözesen umfasst, die auf alle Kontinente verteilt sind: so viele Sprachen, so viele Kulturen! [...] Die Kirche ist über die ganze Welt verteilt! Und trotzdem bilden die vielen katholischen Gemeinden eine Einheit. Wie kann das sein?

Eine umfassende Antwort finden wir im Kompendium des Katechismus der katholischen Kirche, wo es heißt: Die in der ganzen Welt verteilte katholische Kirche »hat nur einen Glauben, nur ein sakramentales Leben, nur eine apostolische Nachfolge, eine gemeinsame Hoffnung und ein und dieselbe Liebe« (Nr. 161) Das ist eine sehr schöne und klare Definition, die uns Orientierung geben kann. Einheit im Glauben, in der Hoffnung, in der Liebe, Einheit in den Sakramenten, im Dienst am anderen: Das sind die Streben, die den einen großen Bau der Kirche stützen und zusammenhalten. Wohin wir auch gehen, selbst in der kleinsten Pfarrei, im entlegensten Winkel dieser Erde, finden wir die eine Kirche; das ist unser Zuhause, unsere Familie, das sind unsere Brüder und Schwestern. Ein gewaltiges Geschenk Gottes! Die Kirche ist für alle nur die eine. Es gibt nicht eine Kirche für Europäer, eine für Afrikaner, eine für Amerikaner, eine für Asiaten und eine für all jene Völker, die in Ozeanien leben. Nein, die Kirche ist überall dieselbe. Im Grunde wie eine Familie: Man kann weit voneinander entfernt sein, in alle Welt verstreut, doch die tiefen Bindungen, die die Familienmitglieder vereinen, bleiben, wie groß die Entfernung auch ausfallen mag. Ich denke da zum Beispiel an die Erfahrung des Weltjugendtages in Rio de Janeiro: In jener unüberschaubaren Menge junger Menschen am Strand der Copacabana waren viele Sprachen zu hören. Man sah die unterschiedlichsten Gesichtszüge, die unterschiedlichsten Kulturen, und dennoch war da eine tiefe Einheit. Sie alle waren die eine einzige Kirche, sie waren eins. Und das konnte man deutlich spüren. Fragen wir uns doch einmal: Spüre ich als Katholik diese Einheit? Lebe ich als Katholik diese Einheit der Kirche? Oder interessiert sie mich nicht, weil ich in mein eigenes Grüppchen oder gar in mich selbst verkapselt bleibe? Gehöre ich zu jenen, die die Kirche für ihre Gruppierung, Nation oder Freunde sozusagen »privatisieren« möchten? Es ist traurig, eine Kirche »privatisiert« zu sehen durch einen solchen Egoismus, einen solchen Mangel an Glauben. Das ist wirklich traurig! Wenn ich höre, dass viele Christen auf der ganzen Welt zu leiden haben, lässt mich das dann unberührt oder empfinde ich es so, als leide ein Familienmitglied? Wenn ich daran denke, dass Christen verfolgt werden und das Leben für ihren Glauben hingeben, berührt das mein Herz oder nicht? Bin ich offen für die Brüder oder Schwestern dieser Familie, die ihr Leben hingeben für Jesus Christus? Beten wir denn füreinander? Ich möchte euch eine Frage stellen, die ihr nicht mit lauter Stimme, sondern nur tief im Herzen beantworten sollt: Wer von euch betet für verfolgte Christen? Wie viele unter euch? Jeder möge diese Frage bei sich beantworten. Bete ich für jene Brüder oder Schwestern, die in Schwierigkeiten sind, weil sie ihren Glauben bekennen und verteidigen? Es ist wichtig, über den eigenen Tellerrand hinauszublicken und sich als Kirche zu fühlen, als die eine Familie Gottes!

Doch lasst uns noch einen Schritt tun und uns fragen: Wird diese Einheit irgendwo verletzt? Verletzen wir sie gar? Leider müssen wir feststellen, dass wir im Laufe der Geschichte – aber auch jetzt – nicht immer in Einheit leben. Manchmal kommt es zu Missverständnissen, Konflikten, Spannungen, Spaltungen, die die Einheit stören. Dann trägt die Kirche nicht das Antlitz, das wir uns wünschen, kann sie nicht jene Liebe offenbaren, die Gottes Wille ist. Aber letztlich sind wir es, die diese Verletzungen verursachen! Und wenn wir auf die Spaltungen blicken, die es noch heute unter den Christen gibt – Katholiken, Orthodoxe, Protestanten –, dann merken wir, wie schwer es ist, diese Einheit in ihrer ganzen Fülle sichtbar werden zu lassen. Gott schenkt uns die Einheit, aber wir tun uns häufig schwer, sie tatsächlich zu leben. Wir müssen die Gemeinschaft anstreben und aufbauen, zur Gemeinschaft erziehen und zur Überwindung von Missverständnissen und Spaltungen. Das muss schon in der Familie beginnen, aber auch in der kirchlichen Wirklichkeit und im ökumenischen Dialog. Unsere Welt braucht Einheit. Es ist eine Zeit, in er wir alle mehr Einheit brauchen, mehr Versöhnung und Gemeinschaft. Und die Kirche ist das Haus der Gemeinschaft. Der heilige Paulus sagte zu den Christen in Ephesos: »Ich, der ich um des Herrn willen im Gefängnis bin, ermahne euch, ein Leben zu führen, das des Rufes würdig ist, der an euch erging. Seid demütig, friedfertig und geduldig, ertragt einander in Liebe und bemüht euch, die Einheit des Geistes zu wahren durch den Frieden, der euch zusammenhält.« (Eph 4, 1–3). Demut, Friedfertigkeit, Geduld und Liebe, um die Einheit zu bewahren! Das sind die Wege, die wahren Wege der Kirche. Hören wir sie uns ihnen noch einmal an: Demut

gegen die Eitelkeit, gegen den Hochmut, Demut, Friedfertigkeit, Geduld und Liebe, um die Einheit zu wahren.
Und weiter sagte Paulus: ein Leib, der Leib Christi, den
wir in der Eucharistie empfangen; ein Geist, der Heilige
Geist, der die Kirche beseelt und ständig erneuert; eine
Hoffnung, das ewige Leben; ein Glaube, eine Taufe, ein
Gott und Vater aller (vgl. Eph 4, 4–6). Das ist der Reichtum, der uns vereint! Das ist wahrer Reichtum: Das, was
uns vereint, nicht was uns trennt, macht den Reichtum
der Kirche aus! Jeder Christ sollte sich fragen: Trage ich
dazu bei, dass die Einheit in der Familie, in der Pfarrei, in der Gemeinschaft wächst oder sind das für mich
nur Lippenbekenntnisse? Bin ich Ursache für Spaltung
und Probleme? Ihr wisst nicht, wie sehr der Tratsch der
Kirche, den Pfarreien und den Gemeinschaften schadet!
Er schadet wirklich! Tratsch schlägt Wunden. Bevor ein
Christ sich dem Geschwätz hingibt, sollte er sich auf die
Zunge beißen! Richtig? Sich auf die Zunge beißen: Das
wird uns guttun, weil die Zunge anschwillt, und man
dann weder schwätzen noch tratschen kann. Besitze ich
genug Demut, um voller Geduld und Opferbereitschaft
die Wunden der Gemeinschaft zu heilen?

Noch ein letzter Schritt zur Vertiefung. Denn das ist
eine sehr schöne Frage: Wer ist denn die Triebkraft für
die Einheit der Kirche? Es ist der Heilige Geist, den wir
alle in der Taufe und im Sakrament der Firmung emp-

fangen. Es ist der Heilige Geist. Unsere Einheit geht nicht in erster Linie auf unser Einverständnis, auf die Demokratie in der Kirche oder unsere Bemühungen für mehr Einheit zurück. Sie kommt vielmehr von ihm, der Einheit aus der Vielfalt schafft, denn der Heilige Geist ist Eintracht. Er ist es, der die Harmonie in der Kirche bewirkt. Eine harmonische Einheit in einer enormen Vielfalt von Kulturen, Sprachen und Denkungsarten. Der Heilige Geist ist die Triebkraft hinter dieser Einheit. Deshalb ist das Gebet so wichtig. Es ist die Seele unseres Bemühens als Angehörige dieser Gemeinschaft, dieser Einheit. Wir beten zum Heiligen Geist, auf dass er kommen und in der Kirche Einheit schaffen möge.

Bitten wir also den Herrn: Herr, gib, dass wir immer stärker einig sind, dass wir nie zu Werkzeugen der Spaltung werden mögen; gib, dass wir uns bemühen, wie es in einem schönen franziskanischen Gebet heißt, Liebe zu üben, wo man hasst, zu verzeihen, wo man beleidigt, zu verbinden, wo Streit ist. So sei es.

Io credo in Dio, Padre onnipotente

Creatore del cielo e della terra.

E in Gesù Cristo,

Suo unico Figlio, nostro Signore,

il quale fu concepito di Spirito Santo

nacque da Maria Vergine,

patì sotto Ponzio Pilato, fu crocifisso,

morì e fu sepolto; discese agli inferi;

il terzo giorno risuscitò da morte;

salì al cielo, siede alla destra

di Dio Padre onnipotente;

di là verrà a giudicare i vivi e i morti.

Credo nello Spirito Santo,

la Santa Chiesa cattolica,

la comunione dei santi,

la remissione dei peccati,

la risurrezione della carne,

la vita eterna.

Amen.

Ich glaube an Gott, den Vater, den Allmächtigen,

den Schöpfer des Himmels und der Erde,

und an Jesus Christus,

seinen eingeborenen Sohn, unsern Herrn,

empfangen durch den Heiligen Geist,

geboren von der Jungfrau Maria,

gelitten unter Pontius Pilatus, gekreuzigt,

gestorben und begraben, hinabgestiegen in das Reich des Todes,

am dritten Tage auferstanden von den Toten,

aufgefahren in den Himmel; er sitzt zur Rechten Gottes,

des allmachtlgen Vaters;

von dort wird er kommen, zu richten die Lebenden und die Toten.

Ich glaube an den Heiligen Geist,

die heilige katholische Kirche,

Gemeinschaft der Heiligen,

Vergebung der Sünden,

Auferstehung der Toten

Und das ewige Leben.

Amen.

ICH GLAUBE AN
DIE GEMEINSCHAFT
DER HEILIGEN

Die fünfte Wahrheit, Heiliger Vater, gehört zu den tröstlichs-
ten unseres Glaubens: »Ich glaube an die Gemeinschaft der
Heiligen.« Dabei fällt mir ein wunderschöner Satz des fran-
zösischen Theologen und Kardinals Yves Congar[31] *ein, den*
ich im Laufe meines Studiums immer wie einen Studien-
kollegen empfunden habe: »Angesichts einer Welt, die das
Evangelium nicht mehr akzeptiert, wenn es nicht von einer
untadeligen Kirche verkündet wird, können wir uns nichts
Mechanisches mehr erlauben, können uns nicht mehr be-
quem in das Bett legen, das ›Jahrhunderte des Glaubens‹ für
die Kirche bereitet haben.«[32] *Für Pater Congar hieß gläu-*
big bleiben nicht einfach irgendwie zu überleben, sondern
aktiv und geduldig Risiken einzugehen, um der Tradition
eine Zukunft zu sichern. Nun, einer der vier Punkte, die der
Theologe anführt, um nicht mit der Kirche zu brechen, ist die

»Gemeinschaft«. Wie aber bringen wir das Erfordernis der Gemeinschaft mit dem der Mission unter einen Hut? Don Tonino Bello[33] unterstrich immer wieder, dass es keine Treue ohne Risiko gibt. Wie stellen wir es an, dass wir keine Risse in der Kirche verursachen? Ich denke da an Don Milani, Don Mazzolari und an Pater Congar selbst, der für die Kirche viel gelitten hat, aber auch um der Kirche willen...

Nachdem wir zuerst unseren Glauben der »heiligen katholischen Kirche« bekannt haben, fügen wir im Glaubensbekenntnis hinzu, dass wir die Gemeinschaft der Heiligen glauben. Dieser Satz ist in gewisser Weise eine Erklärung des vorangehenden: Was ist die Kirche, wenn nicht die Versammlung aller Heiligen? Romano Guardini, ein deutscher Theologe italienischer Abstammung, den ich sehr schätze, schreibt, dass Christ sein heiße zu entdecken, dass Christus in uns lebt. Dann fährt er fort: »Dieser gleiche Christus aber, von dem ich hoffe, dass Er in mir sei, lebt auch in jenem Anderen dort, und in jenem Dritten und Vierten und in allen, die an ihn glauben [...] In diesem inneren, aus Gott geborenen Leben [...] bilden wir die Familie der Kinder Gottes, unter denen Christus steht als ›der Erstgeborene unter vielen Geschwistern‹ (Röm 8, 29) Der reinste Ausdruck dieser Gemeinsamkeit ist das Vaterunser. Hier redet das christliche ›Wir‹. Die Kinder Gottes, von ihrem ältesten Bruder geführt, sprechen zum gemeinsamen Vater.«[34]

Aber nehmen wir doch wieder Deine Familie als Beispiel: Wenn deine Oma, deine Mama, dein Papa dir bestimmte Entscheidungen aufgezwungen hätten durch ein dauerndes »Du musst... du musst... du musst«, dann wärst Du doch heute wohl kaum hier? Denn Du wärst nicht in der Lage gewesen, dieses Risiko einzugehen. Am Ende aber hast Du es getan, und Deine Familie hat zugestimmt. Einem Menschen zum Wachstum zu verhelfen heißt, ihn in Freiheit wachsen zu lassen. Und um frei zu sein, müssen wir Risiken eingehen. Um in der Familie Einheit zu schaffen, müssen wir manchmal leben wie der »verlorene Sohn«. Ich sage ja nicht: immer, aber hin und wieder. Wir müssen Risiken eingehen, über bestimmte Grenzen hinausreichen... Nein, ich will nicht sagen, dass wir, um gute Christen zu sein, sündigen müssen. Wenn ich Dir das erzählen wollte, würde ich lügen. Aber Gott, der uns liebt, nimmt uns unsere Freiheit nicht. Nicht einmal den größten Heiligen – und dabei denke ich an meine Freundin Therese von Lisieux – hat Gott je die Freiheit genommen, auch nicht die Freiheit zur Sünde. Man kann nicht gut wachsen, harmonisch wachsen, ohne Freiheit. Gott lässt uns immer in Freiheit wachsen. Und auch die Kirche wächst auf diese Weise. Das erklärt auch, warum es in der Kirche Sünde und Skandale gibt: Einige gehen dieses Risiko *in der Sünde* ein und werden besiegt. Auch Eltern müssen ihre Kinder Risiken eingehen lassen. So ähnlich, wie wenn wir einen Bergbach überqueren wollen: Zuerst müssen wir den Fuß auf einen Stein setzen, dann, sobald wir sicher sein können, dass wir nicht ausrutschen, kommt der nächste Stein und so weiter. Aber das Risiko auszugleiten ist immer da. Aus diesem Grund ist die Gemeinschaft der Heiligen so wichtig, also die Fürbitte dieser »Brüder und Schwestern, die uns durch ihr Beispiel ermutigen« (siehe die Präfation zum Hochfest Allerheiligen), die uns auf dem Weg zur vollständigen Einheit mit Gott unterstützen.

Eine Frage beschäftigt mich schon, seit Sie, Heiliger Vater, zum Papst gewählt wurden. In der Kirche gibt es immer diese beiden Gegensätze: die Institution und das Charisma; der Vatikan und ein Gefängnis im Nordosten Italiens. Ihre Geschichte im Besonderen beginnt mit dem Priestertum in den argentinischen villas[35] *und heute sind Sie der Nachfolger Petri. Es stimmt schon: Von der Institution erwartet man, die Tradition zu bewahren, von den Rändern her die Provokation eben dieser Tradition. Man denke nur an den heiligen Franziskus, Therese von Lisieux oder Katharina von Siena ... Oft kommt die Provokation der Heiligen von den Rändern. In Ihnen aber berühren sich diese beiden Gegen-*

sätze: die argentinischen villas *und das Zentrum der Kirche. Meine Frage lautet daher: Wie hat sich Ihre Beziehung zur Kirche gewandelt seit der Zeit, als Sie ein junger Priester waren, bis heute?*

Es gibt keine Kirche ohne Institution, denn Jesus hat sie auf die Sakramente gegründet, die institutionell sind. Aber es gibt auch keine Kirche ohne Charisma, denn Jesus wollte, dass der Heilige Geist die Kirche vorwärtsbringt. Wir müssen nur einmal die Apostelgeschichte lesen, jene Stelle, die berichtet, wie der Geist herabsteigt (Apg 2), um zu verstehen, wie der Geist die Kirche als Institution voranbringt. Du hast mehrfach den Begriff »Tradition« gebraucht. Es gibt da einen Satz, den man dem großen Musiker und Mystiker Gustav Mahler zuschreibt: »Tradition ist nicht die Anbetung der Asche, sondern die Weitergabe des Feuers.« Wir verfallen manchmal in den Glauben, dass wir zur Bewahrung der Tradition ein Museum errichten müssen, ein Museum der Dinge. Und schon wird die Kirche zum Museum. Nein, die Tradition ist lebendig, nicht einfach nur eine Ansammlung von Dingen und Riten … Sie lebt! Und wächst. Sie muss wachsen, wie die Wurzel, die den Baum wachsen lässt, damit er Blüte und Frucht trägt. Und wir müssen uns auf die Tradition rückbesinnen, um an ihre Säfte heranzukommen, die durch den

Baum aufsteigen. Es gibt da ein sehr schönes Bild, das von Benedikt XVI. stammt. Er sprach von der Tradition innerhalb der Kirche und wies uns darauf hin, »dass die Tradition nicht die Weitergabe von Dingen oder Worten, keine Ansammlung toter Dinge ist. Die Tradition ist der lebendige Fluss, der uns mit den Ursprüngen verbindet, der lebendige Fluss, in dem die Ursprünge stets gegenwärtig sind.«[36] Auf die gleiche Weise wachsen auch die Wahrheiten der Kirche. Zum Beispiel im Hinblick auf die Sklaverei: Es gab eine Zeit, da war es keine Sünde, Menschen als Sklaven zu halten. Manche Menschen glaubten sogar, dass Sklaven keine Seele hätten. Dann aber hat die Kirche ihre Überlegungen angestellt und verstanden, dass es sündhaft ist, Menschen zu versklaven. Oder die Todesstrafe: Auch hier hat die Kirche ihren Standpunkt korrigiert. Man muss sich nur einmal den Campo de' Fiori hier in Rom ansehen, auf dem zum Beispiel Giordano Bruno verbrannt wurde. Und das ist keineswegs 1000 Jahre her.[37] In der neuen Version des Katechismus der katholischen Kirche heißt es jetzt also, dass im Licht des Evangeliums »die Todesstrafe unzulässig ist, weil sie gegen die Unantastbarkeit und Würde der Person verstößt«. Deshalb setzt sich die Kirche »mit Entschiedenheit für deren Abschaffung in der ganzen Welt ein.«[38] Die Kirche gesteht also ein, dass sie sich geirrt hat. Die Achtung der Person und der menschlichen Natur hat sich ebenso entwickelt. Es gibt eine enge Verbindung zwischen Identität und Wachstum. Ohne Tradition gibt es kein Wachstum. Trotzdem dürfen wir mit ihr nicht so umgehen wie »der Hüter der Asche« oder »der Antiquitätensammler«. Genau das sagt uns ein Mönch und Theologe des 5. Jahrhunderts, der heilige Vinzenz von Lérins aus der Provence. Er schreibt, dass auch die Lehre des christlichen Glaubens *ut annis consolidetur, dilatetur tempore, sublimetur aetate*, also »mit den Jahren gefestigt, mit der Zeit erweitert und mit dem Alter verfeinert«[39] werden soll. Die christliche Lehre folgt also genau denselben Gesetzen, die das Wachstum von Körpern bestimmen. Die Wahrheit aber kann im Laufe der Zeit zwar wachsen und sich entwickeln, doch sie bleibt sich gleich wie der Baum, der seine Wurzeln in das Erdreich schickt und trotzdem eine schöne Krone ausbildet …

Die Kirche ist ja kein archäologisches Forschungsinstitut.

Gewiss nicht!

Da fällt mir noch ein Beispiel ein: die Kirche im Brancaccio-Viertel in Palermo, in dem das Blut von Pater Pino Puglisi geflossen ist. Dort ist etwas ganz Außergewöhnliches geschehen: Pater Pino hat in seinem Viertel gepredigt, dass das

Evangelium auch an diesem Ort Sinn hatte und dass man die Wirklichkeit dieses Viertel verändern könne, wenn die Menschen zusammenstünden. Als Sie, Heiliger Vater, sich dorthin auf Pilgerfahrt begaben zur Messe zum 25. Todestag von Pater Puglisi, haben Sie am Ende eine wunderbare Geschichte von hohem Symbolgehalt erzählt: »Der Stuhl in seinem Zimmer, auf dem er saß, wenn er zu studieren hatte, war kaputt. Aber dieser Stuhl war nicht der Mittelpunkt seines Lebens, denn er war nicht da, um sich auszuruhen, sondern war ständig in Bewegung, um zu lieben. Das ist die siegreiche Haltung. Das ist der Sieg des Glaubens, der aus der täglichen Hingabe seiner selbst erwächst. Das ist der Sieg des Glaubens, der das Lächeln Gottes auf die Straßen der Welt trägt. Das ist der Sieg des Glaubens, der aus der Schande des Martyriums hervorgeht.«[40] Pater Pino wurde ermordet: Scheinbar hat er also ins Schwarze getroffen. Die Gemeinschaft gelebt bis zum eigenen Martyrium.

Das Märtyrertum ist das Siegel des Heiligen Geistes. Immer. Ich frage mich: Wird es wohl einmal eine Zeit ohne Märtyrer geben? Nein. Nur in der Ewigkeit werden keine Märtyrer mehr existieren. Solange wir aber in der Zeit leben, wird es immer wieder zum Martyrium der Christen kommen, weil der Teufel, der Feind, der Blender, der große Lügner, die alte Schlange, der Verführer nur in der Zeit aktiv sein kann.

Als Sie in Brancaccio waren, haben Sie die Anhänger Satans, also die Mafiosi, strengstens verurteilt. Die kriminellen Vereinigungen betrachten es als ihre Aufgabe, die Gemeinschaft zu spalten...

Ja, und sie zwingen das Volk Gottes, ein Doppelleben zu führen, indem sie einesteils zur Kirche gehören und andernteils der Mafia angehören. Es gibt Orte, an denen die Christen dieses Drama der zweifachen Zugehörigkeit am eigenen Leib erfahren: der Glaube, der im Gesang bekannt wird, der Nicht-Glaube im Schweigen der Omertà.

Heiliger Vater, im Gefängnis gibt es so manchen, der auch Sie selbst am liebsten zum Märtyrer des Glaubens machen würde, wenn Sie mit harten Worten gegen die Wirtschaft und die Hochfinanz zu Felde ziehen. Sie wenden sich ganz entschieden gegen all jene, die dem Bösen angehören. Anrererseits lassen Sie ihnen die Pforte ja immer einen Spalt offen. Gott ist bereit, wenn es zu wahrer Reue kommt, alle Menschen anzunehmen.

EINE HÖCHST
TRÖSTLICHE WAHRHEIT

Heute möchte ich über eine sehr schöne Glaubenswirk-
lichkeit sprechen, die »Gemeinschaft der Heiligen«. Der
Katechismus der katholischen Kirche erinnert uns daran, dass damit zweierlei gemeint ist: die »Gemeinschaft
an den heiligen Dingen« und »die Gemeinschaft unter
den heiligen Personen«.[41] Ich möchte mich hier mit der
zweiten Bedeutung näher beschäftigen: Es geht dabei
um eine der tröstlichsten Wahrheiten unseres Glaubens,
denn sie macht uns deutlich, dass wir nicht allein sind,
dass wir vielmehr eine Lebensgemeinschaft mit all jenen
bilden, die Christus zugehören. Eine Gemeinschaft, die
aus dem Glauben erwächst. Denn der Begriff »heilig«
meint in diesem Zusammenhang all jene, die an den
Herrn Jesus Christus glauben und durch die Taufe in
ihm Glieder der Kirche werden. Daher nannte man die

ersten Christen auch »die Heiligen« (siehe Apg 9, 13,
32, 41, Röm 8, 27, 1 Kor 6,1)

Das Evangelium nach Johannes bezeugt, dass Jesus vor dem Leidensweg um die Gemeinschaft der Jünger zu seinem Vater betete: »Alle sollen eins sein: Wie du, Vater, in mir bist und ich in dir bin, sollen auch sie in uns sein, damit die Welt glaubt, dass du mich gesandt hast.« (Joh 17, 21) Die Kirche ist in ihrer grundlegendsten Wahrheit *Gemeinschaft mit Gott*, Vertrautheit mit Gott, Gemeinschaft der Liebe mit Christus und dem Vater im Heiligen Geist, die sich zur brüderlichen Gemeinschaft ausweitet. Diese Beziehung zwischen Jesus und dem Vater ist das »Urbild« der Beziehung zwischen uns Christen: Wenn wir in dieses »Urbild« integriert sind, in diesen lodernden Glutofen der Liebe, dann können wir wirklich ein Herz und eine Seele werden, denn die Liebe Gottes verbrennt unseren Egoismus, unsere Vorurteile, unsere inneren und äußeren Spaltungen. Die Liebe Gottes verbrennt auch unsere Sünden.

Wenn wir uns auf diese Weise in der Quelle der Liebe verwurzeln, die Gott ist, dann erfahren wir auch die umgekehrte Bewegung: von den Brüdern hin zu Gott. Die Erfahrung der Gemeinschaft mit den Brüdern und Schwestern führt uns zur Gemeinschaft mit Gott. Die Einheit unter uns führt uns zur Einheit mit Gott, zu diesem Band mit Gott, der unser Vater ist. Das ist der zweite Aspekt der Gemeinschaft der Heiligen, den ich hier unterstreichen möchte: Unser Glaube braucht die Unterstützung durch andere, vor allem in den schwierigen Momenten unseres Lebens. Wenn wir vereint sind, wird der Glaube stark. Wie schön es ist, wenn wir uns im wunderbaren Abenteuer des Glaubens gegenseitig Unterstützung schenken! Ich sage das, weil die Tendenz, sich mehr und mehr ins Private zurückzuziehen, auch das religiöse Leben beeinflusst. Das geht so weit, dass wir mitunter Schwierigkeiten haben, jene um geistlichen Beistand zu bitten, die die Erfahrung des christlichen Glaubens mit uns teilen. Und wer von uns hat auf dem Weg des Glaubens noch nie Unsicherheit, Verwirrung, ja Zweifel verspürt? Wir kennen das doch alle, auch ich. Es gehört zum Glaubensweg und ist Teil unserer Lebenserfahrung. Das sollte uns nicht verwundern, denn wir sind Menschen und als solche gekennzeichnet durch Schwäche und Begrenztheit. Wir alle sind zerbrechlich. Wir alle haben Grenzen. Und doch ist es gerade in diesen schwierigen Momenten nötig, dass wir im Gebet auf die Hilfe Gottes vertrauen wie die Kinder. Gleichzeitig ist es wichtig, den Mut und die Demut zu finden, sich den anderen zu öffnen, um Beistand zu bitten, um eine helfende Hand. Wie oft haben wir das schon getan und damit zurück zu Gott gefunden! In dieser Gemeinschaft – dieser »Kommunion«, was wörtlich bedeutet »Gemeinschaft in der Einheit« – sind wir eine große Familie, in der alle Mitglieder sich gegenseitig helfen und unterstützen.

Und nun noch zu einem anderen Aspekt: Die Gemeinschaft der Heiligen reicht über das irdische Leben hinaus, über den Tod. Sie dauert ewig. Diese Einheit zwischen uns geht über das diesseitige Leben hinaus und besteht im anderen Leben fort. Es ist eine geistliche Einheit, die durch die Taufe entsteht und vom Tod nicht zerstört werden kann, sondern dank des auferstandenen Christus ihre Fülle im ewigen Leben findet. Es besteht ein tiefes, unauflösliches Band zwischen jenen, die noch Pilger in dieser Welt sind – uns also – und jenen, die die Schwelle des Todes schon überschritten haben, um in die Ewigkeit einzutreten. Alle Getauften auf dieser Erde, die Seelen im Fegefeuer und die Seligen, die bereits im Paradies sind, bilden eine einzige große Familie. Diese Gemeinschaft zwischen Erde und Himmel wird vor allem in den Fürbitten verwirklicht.

Diese wunderschöne Tatsache ist uns eigen! Sie ist unsere Wirklichkeit, die Wirklichkeit aller. Sie macht uns zu Brüdern und Schwestern, begleitet uns auf unserem Lebensweg und macht, dass wir uns im Himmel wiederfinden. Lasst uns diesen Weg also voller Vertrauen und Freude gehen. Ein Christ muss erfüllt sein von der Freude, so viele getaufte Geschwister zu haben, die den Weg zum Himmel mit ihm gehen. Dorthin, wo so viele Geschwister auf ihn warten, um Jesus für uns zu bitten. Also lasst uns auf diesem Weg voller Freude voranschreiten!

Io credo in Dio, Padre onnipotente

Creatore del cielo e della terra.

E in Gesù Cristo,

Suo unico Figlio, nostro Signore,

il quale fu concepito di Spirito Santo

nacque da Maria Vergine,

patì sotto Ponzio Pilato, fu crocifisso,

morì e fu sepolto; discese agli inferi;

il terzo giorno risuscitò da morte;

salì al cielo, siede alla destra

di Dio Padre onnipotente;

di là verrà a giudicare i vivi e i morti.

Credo nello Spirito Santo,

la Santa Chiesa cattolica,

la comunione dei santi,

la remissione dei peccati,

la risurrezione della carne,

la vita eterna.

Amen.

Ich glaube an Gott, den Vater, den Allmächtigen,

den Schöpfer des Himmels und der Erde,

und an Jesus Christus,

seinen eingeborenen Sohn, unsern Herrn,

empfangen durch den Heiligen Geist,

geboren von der Jungfrau Maria,

gelitten unter Pontius Pilatus, gekreuzigt,

gestorben und begraben, hinabgestiegen in das Reich des Todes,

am dritten Tage auferstanden von den Toten,

aufgefahren in den Himmel; er sitzt zur Rechten Gottes,

des allmächtigen Vaters;

von dort wird er kommen, zu richten die Lebenden und die Toten.

Ich glaube an den Heiligen Geist,

die heilige katholische Kirche,

Gemeinschaft der Heiligen,

Vergebung der Sünden,

Auferstehung der Toten

Und das ewige Leben.

Amen.

ICH GLAUBE
AN DIE VERGEBUNG
DER SÜNDEN

Heiliger Vater, in der sechsten Wahrheit des Glaubensbe-
kenntnisses geht es um Sünde und Irrtum: »Ich glaube an
die Vergebung der Sünden.« Jeden Morgen, wenn ich von zu
Hause aus aufbreche und ins Gefängnis fahre, lasse ich das
Stadtzentrum hinter mir, denn in Padua liegt das Gefäng-
nis weit draußen. Schon das bringt einen zum Nachdenken:
Man versteht sehr schnell, welche Bedeutung bestimmten
Dingen beigemessen wird, wenn man einen Stadtplan stu-
diert. In diesem Fall werden all jene, die gefehlt haben, an
den Rand verwiesen. Auch in der Kirche gibt es Vorkomm-
nisse – die so mancher als »unvorschriftsmäßig« einstuft –,
die dazu führen, dass Menschen manchmal auf demütigende
Weise an den Rand verwiesen werden. Und doch sagen wir
am Sonntag alle: »Ich glaube die Vergebung der Sünden.« Ist
das nicht widersinnig? Solange es Theorie bleibt, mag das ja

noch angehen. Aber wenn es darum geht, jemandem zu ver-
zeihen, der gesündigt hat, gestaltet sich die Herausforderung
schon schwieriger …

Die Kirche – die unsere Mutter ist – macht deutlich,
wie sie verzeiht, wie sie *fähig* ist zu verzeihen: durch das
Sakrament der Buße. Und dann sind da noch die Mis-
sionare der Barmherzigkeit[42], denen das Recht übertragen wurde, alle Sünden zu vergeben. Das Problem ist,
dass wir – die Frauen und Männer der Kirche – der
Mutter Kirche nacheifern sollten. Stattdessen gehe ich
zur Beichte, bekomme die Absolution erteilt und bin
dann nicht fähig, selbst zu vergeben. Auf diese Weise
schaffe ich sozusagen ein inneres »Schisma«: Ein Teil
meiner selbst bittet Gott um Vergebung, ein anderer
kann aber nicht vergeben. So aber gefährde ich auch
die Vergebung, die ich von Gott erhalte, der uns unsere
Schuld vergibt *wie auch wir* vergeben unseren Schuldi-
gern. Ein Christ, der nicht fähig ist zu vergeben, muss
von unserem Herrn die Gnade erbitten, selbst vergeben
zu lernen. Maximus der Bekenner schreibt ausdrücklich: »Wer aber jenen, die gefehlt haben, nicht vollkommen verzeiht und Gott kein Herz anbietet, das frei
ist von Ränken und erleuchtet vom Licht der Versöhnung mit dem Nächsten, verliert die Gnade der erbe-
tenen Güter.«[43] Das ist die Größe Gottes: Er bietet uns

ein Geschenk an, aber er will, dass wir dieses Geschenk auch unsererseits geben.

Ich muss gestehen, dass ich, was den Sinn der Sünde angeht, eine gewisse Entwicklung durchlaufen habe. Früher dachte ich, dass die Sünde eine Handlung ist. Als ich aber anfing, bei den Armen zu leben, bei Menschen, die Fehler begangen haben, habe ich erkannt, dass die Sünde keine Handlung ist, sondern der Bruch der Freundschaft mit Gott. So erklärt es auch der Katechismus der katholischen Kirche: »Um zu verstehen, was die Sünde ist, muss man zunächst den tiefen Zusammenhang des Menschen mit Gott beachten. Sieht man von diesem Zusammenhang ab, wird das Böse der Sünde nicht in ihrem eigentlichen Wesen – als Ablehnung Gottes, als Widerstand gegen ihn – entlarvt.«[44] Und weiter: »Vom Teufel versucht, ließ der Mensch in seinem Herzen das Vertrauen zu seinem Schöpfer sterben.«[45] Die Sünde ist also zweit mehr als eine bloße Tat. Manchmal lesen wir, wenn wir im Gefängnis die Messe feiern, das Hochgebet zum Thema Versöhnung. Und da heißt in I: »Wie oft haben die Menschen den Bund mit Dir gebrochen. Du aber hast sie nicht verlassen, sondern hast einen neuen Bund mit ihnen geschmiedet durch Jesus, deinen Sohn, unseren Erlöser: ein so starkes Band, dass es niemals reißen kann.«[46] Das sind Worte, die einen vor Freude leuchten lassen. Mich erinnern sie immer an das, was im Alten Testament zur Süde steht: dass der

Mensch sich an Gottes Statt stellt, den Glauben instrumen-
talisiert und die Armen unterdrückt. Wenn ich so darüber
nachdenke, scheinen mir heute dieselben Triebkräfte am
Werk, die sich hinter den verschiedenen Formen des über-
handnehmenden Populismus verbergen ...

Ja, der Populismus setzt sich an Gottes Statt.

Der Populismus instrumentalisiert den Glauben und unter-
drückt die Armen ...

Ja, genau. Er unterdrückt die Armen und instrumentali-
siert den Glauben für sich. Ein weiteres Kennzeichen des
Populismus ist, dass er um seinen »Wortführer« einen
Kult aufbaut: *den Hohepriester.* Dabei haben wir ja diesen
Typus schon kennengelernt: Man denke nur an Hitler.
Das reicht schon. Er war der populistische Hohepriester schlechthin, ein Erwählter, ein Gott – das glaubte er
zumindest. Populisten sind Männer und Frauen, die nur
an sich selbst denken – nicht an die anderen, die sie dem
Elend überlassen, die sie töten oder sterben lassen. Sie
pflegen einen gnadenlosen Personenkult, weil sie sich
für Gott halten. In dieser Hinsicht ist auch die Gestalt
Napoleons vielsagend. Er war seiner selbst so sicher, dass
er sich selbst die Krone aufs Haupt setzte. Er hat sich
das perverse Vergnügen gegönnt, einen Papst ins Ge-

fängnis zu schicken.[47] Am Ende von Napoleons Leben hatte der Herr die Barmherzigkeit, ihn all die Erniedrigungen fühlen zu lassen. Er ist als arme Seele gestorben, auf eine Insel verbannt. Vielleicht hat der Herr ihm ja dort vieles verziehen.

Während eines Interviews haben Sie, Heiliger Vater, über den Souveränismus, die Neigung, die eigenen Interessen über die anderer Menschen zu setzen, gesagt, dass diese Denkrichtung Sie an historisch schlimme Erfahrungen von Tod, Lüge und Bosheit erinnert. Kommt es vor, dass Sie Gott bitten, die Absichten jener Menschen zu reinigen, die zum Beispiel politische Verantwortung tragen?

Ja, natürlich. Ich bete viel für die Politiker, weil es sich dabei um Menschen handelt, die Tag für Tag darum kämpfen müssen, um das Gute im Land zu erreichen. Sie müssen zahllosen Versuchungen widerstehen. Dazu braucht es einen starken Willen zum Guten. Ich glaube, dass alle Politiker diesen guten Willen besitzen, zu Anfang zumindest. Dann aber schlagen sie mitunter falsche Wege ein, gerade deshalb aber müssen wir sie mit unserem Gebet unterstützen. Sie haben schließlich schwierige Aufgaben zu erledigen: das Land verteidigen, den Wohlstand der Bürger sichern, das Recht auf Arbeit und den Schutz der Würde. Und sie müssen dafür Sorge tragen, dass die Bürger eine Familie gründen und Kinder in die Welt setzen können. Denken wir nur an jene Politiker, die in verschiedenen Ländern Europas mit den Folgen des Babybooms zurechtkommen müssen. Wie sollen sie das anstellen? Es ist eine große Verantwortung, die auf ihren Schultern lastet, denn sie betrifft die Zukunft. Und dann die Bildungs- und Gesundheitspolitik: So ein Politiker trägt unglaublich viel Verantwortung. Wir können sie nicht einfach alleinlassen. Der hl. Paul VI. hat einmal gesagt, dass Politik die höchste und schwierigste Form der Nächstenliebe ist. Schon aus diesem Grund müssen wir den Politikern beistehen, damit sie diese Liebe in die Entwicklung des eigenen Volks, der eigenen Nation stecken können.

Vor allem weil, wie die Soziallehre der Kirche dies lehrt, der Irrtum einer Person auf eine ganze Nation zurückfallen und diese an den Abgrund treiben kann. Ich denke da an weitreichende politische Entscheidungen, die ein ganzes Volk zur Armut verdammen. Oder die, etwas kleiner gedacht, viele Menschen arbeitslos machen: Mein Vater gehörte zu jenen, die ihre Arbeit verloren haben. Im Katechismus der katholischen Kirche *heißt es, dass die soziale Sünde darin besteht, das Böse in der Gesellschaft wuchern zu lassen.*[48] *Sie, Heiliger Vater, bitten immer wieder darum, dass man für Sie beten möge. Doch für wen betet der Heilige Vater? Ich bin überzeugt, dass Sie für die ganze Welt beten. Was aber ist die soziale Sünde, die Sie am meisten beunruhigt?*

Die soziale Sünde ist eben genau das: sozial. Weil sie nie isoliert vorkommt: Sie kennt unzählige Wege und viele Verzweigungen, die alle miteinander zusammenhängen. Sich nicht um die Schöpfung zu kümmern ist zum Beispiel eine soziale Sünde mit weitreichenden Folgen, weil sie viele Menschen verarmen lässt. Es ist eben alles miteinander verbunden. Wir können nicht sagen, dass nur *eine* soziale Sünde begangen wurde – dass ich etwa Geld angenommen und mich habe korrumpieren lassen. Nein, denn die Korruption – in diesem Fall – zeitigt Auswirkungen: Sie ist dafür verantwortlich, dass bestimmte Familien nicht genug Geld haben, um Nahrung oder Medikamente zu kaufen. Daher ist die soziale Sünde keine individuelle Sünde. Obwohl man davon natürlich auch *ganz allgemein* sprechen und sagen kann, dass die Korruption zu den schlimmsten sozialen Sünden gehört.

Was die Korruption angeht, hat mir erst kürzlich ein Unternehmer, der einen großen Konzern leitet, Folgendes erzählt: Wann immer er mit seinen Leuten in ein bestimmtes Land fuhr, weil man dort eine Fabrik errichten wollte, musste er zuerst bei den verschiedenen Ministerien eine Genehmigung beantragen. Einer der

Minister meinte dann: »Ja, ja, lassen Sie nur alle Dokumente hier.« »Und wann sollen wir wiederkommen?«, wurde er gefragt. »In vier Tagen.« Vier Tage später lagen alle Genehmigungen vor. Aber als die Investoren mit den Papieren gehen wollten, meinte der Sekretär des Ministers (der beim zweiten Gespräch nicht zugegen war) ganz direkt: »Und was nun uns angeht? *Wie viel?*« Das hat mir dieser Unternehmer selbst erzählt.

Ein Gewohnheitstäter also…

Ja, genau. Denn der Mann verhielt sich wohl immer so.

Was nun die Sünden angeht, so erinnere ich mich, dass Sie in Mosambik ihren Mitbrüdern sagten, dass man sich ständig auf Sex konzentriert und Dingen wie sozialer Ungerechtigkeit, Verleumdung, Klatsch und Lügen keine Bedeutung beimisst…

Einmal hat mir ein Priester – ein guter Priester – gesagt: »Die schlimmsten Sünden sind jene, die einen hohen *Engelsgrad* haben [die auf die gefallenen Engel zurückgehen]: Hochmut, Arroganz, Herrschsucht… Die weniger schlimmen wie die Völlerei und das Streben nach Luxus haben einen niedrigen Engelsgrad.« Es gab einmal eine Zeit, in der die Moral sich viel zu sehr auf die fleischlichen Sünden konzentrierte und sich mit den anderen gar nicht mehr auseinandersetzte. Jede Sünde ist schwerwiegend, kann schwerwiegend sein. Es gibt kleine Sünden, die weniger ernst sind, denn jede Sünde – ob nun fleischlich oder geistlich – ist folgenschwer. Johannes Chrysostomus schreibt dazu: »Aber das gerade ist ja auch die Ursache allen Unheils, dass man sich um solche Kleinigkeiten nicht kümmert.«[49] Man muss wissen, wo man den Akzent zu setzen hat…

Sie verwenden häufig den Begriff »Emporkömmling«. Ist auch das eine soziale Sünde?

Das ist eine Sünde, die leider in kirchlichen Kreisen sehr häufig ist. Es schmerzt mich, wenn jemand, der zur Kirche gehört, sei es nun ein Priester oder ein aktiver Laiengläubiger, sich wie ein Emporkömmling verhält. Es schmerzt mich, denn wenn du deine Mutter, die Mutter Kirche, für eigene Zwecke benutzt, dann ist das, als würdest du sie bestehlen.

DIES IST DIE ZEIT
DER BARMHERZIGKEIT

»Barmherzigkeit« und »die Erbärmliche« – das sind die Worte, die der heilige Augustinus gebraucht, um die Begegnung zwischen Jesus und der Ehebrecherin (Joh 8, 1–11) zu beschreiben. Eine bessere und schönere Formulierung konnte er nicht finden, um das Geheimnis der Liebe Gottes in der Begegnung mit der Sünde zu beschreiben: »Es blieben nur zwei übrig: die Erbärmliche und die Barmherzigkeit.«[50] Wie viel Erbarmen und göttliche Gerechtigkeit zeigt sich in dieser Begebenheit. [...] Dieser Abschnitt aus dem Evangelium kann mit Fug und Recht als Symbol dessen betrachtet werden, was wir im Heiligen Jahr der Barmherzigkeit gefeiert haben, einer Zeit, die so reich an Erbarmen war. Ein Erbarmen, das verlangt, dass es in unseren Gemeinschaften weiterhin *gefeiert* und *gelebt* wird. Die Barmherzigkeit kann im Leben der Kirche kein bloßer Einschub sein, denn sie stellt ihre wahre Essenz dar, die die tiefgründige Wahrheit des Evangeliums greifbar und erlebbar macht. Alles offenbart sich in der Barmherzigkeit, alles löst sich in der barmherzigen Liebe des Vaters.

[...] Die Vergebung ist das sichtbarste Zeichen der Liebe des Vaters, die Jesus uns in seiner Existenz offenbart hat. Es gibt keine einzige Seite im Evangelium, die nicht unter diesem Imperativ der Liebe steht, die bis zur Vergebung reicht. Sogar im allerletzten Moment seines irdischen Daseins, während er am Kreuz hängt, findet Jesus Worte der Vergebung: »Vater, vergib ihnen, denn sie wissen nicht, was sie tun.« (Lk 23, 24) Nichts, was ein reuiger Sünder vor die Barmherzigkeit Gottes bringt, bleibt ohne die Umarmung seiner Liebe. Aus diesem Grund kann niemand von uns für die Vergebung Bedingungen formulieren. Sie bleibt immer ein Akt vollkommener Freigebigkeit des himmlischen Vaters, einer bedingungslosen und unverdienten Liebe. Wir sollten daher nicht das Risiko eingehen, uns der vollkommenen Freiheit der Liebe entgegenzustellen, mit der Gott in das Leben jedes Menschen eintritt. Die Barmherzigkeit ist die konkrete Ausformung dieser Liebe, die durch die Vergebung das Leben umwandelt und verändert. Auf diese Weise zeigt sich das göttliche Geheimnis. Gott ist barmherzig (siehe Ex 34, 6),

sein Erbarmen dauert ewig (siehe Ps 136), von Generation zu Generation umarmt er jeden Menschen, der
sich ihm anvertraut, und verwandelt ihn, indem er ihm
sein eigenes Leben schenkt.

[…] In der Liturgie wird das Erbarmen nicht nur regelmäßig genannt, sondern wahrhaft empfangen und
erlebt. Vom Anfang bis zum Ende der Eucharistiefeier
kehrt die Barmherzigkeit ständig wieder im Dialog zwischen der betenden Gemeinde und dem Herzen des
Vaters, der sich freut, wenn er seine barmherzige Liebe
verströmen kann. Nach der anfänglichen Bitte um Vergebung mit den Worten »Herr, erbarme dich!«, erhalten wir die Zusicherung: »Der allmächtige Gott erbarme sich unser, er lasse uns die Sünden nach und führe
uns zum ewigen Leben.« In diesem Vertrauen versam-
melt sich die Gemeinde in der Gegenwart des Herrn,
vor allem am Tag der Auferstehung. Viele Tagesgebete
sollen an das große Geschenk der Barmherzigkeit erinnern. So beten wir beispielsweise in der Fastenzeit:
»Gott, unser Vater, du bist der Quell des Erbarmens und
der Güte. Wir stehen als Sünder vor dir und unser Gewissen klagt uns an. Sieh auf unsere Not und lass uns
Vergebung finden durch Fasten, Gebet und Werke der
Liebe.«[51] Dann vertiefen wir uns in das große Eucharis-
tische Hochgebet mit der Präfation, die lautet: »So sehr
hast du in deinem Erbarmen die Welt geliebt, dass du

deinen Sohn als Erlöser gesandt hast. Er ist uns Menschen gleich geworden in allem außer der Sünde.«[52] Das vierte Hochgebet ist ein Hymnus auf die Barmherzigkeit Gottes: »Voll Erbarmen hast du allen geholfen, dich zu suchen und zu finden.« Und: »Erbarme dich über uns alle.«[53] – so lautet die dringende Bitte, die der Priester im Hochgebet vorbringt, um die Teilhabe am ewigen Leben zu erflehen. Nach dem Vaterunser setzt er das Gebet fort, indem er um Frieden bittet und um die Befreiung von der Sünde: »Komm uns zu Hilfe mit deinem Erbarmen.« Und vor dem Friedensgruß, der als Ausdruck der Geschwisterlichkeit und der wechselseitigen Liebe im Licht der empfangenen Vergebung ausgetauscht wird, bittet er von Neuem: »Schau nicht auf unsere Sünden, sondern auf den Glauben deiner Kirche.«[54] Durch diese Worte bitten wir in demütigem Vertrauen um das Geschenk der Einheit und des Friedens für die heilige Mutter Kirche. Die Feier der göttlichen Barmherzigkeit gipfelt im eucharistischen Opfer, das an das Ostergeheimnis Jesu Christi erinnert, aus dem das Heil für jeden Menschen, für die Geschichte und die gesamte Welt hervorgeht. So nimmt also jeder Augenblick der Eucharistiefeier Bezug auf das Erbarmen Gottes.

[…] Die Bibel ist die große Erzählung, die von den Wundern der Barmherzigkeit Gottes berichtet. Jede

Seite ist erfüllt von der Liebe des Vaters, der von Anbeginn der Schöpfung das Universum mit den Zeichen seiner Liebe erfüllen wollte. Der Heilige Geist
hat durch die Worte der Propheten und die Weisheits-
bücher die Geschichte Israels geformt in Kenntnis der
Zärtlichkeit und Nähe Gottes, obwohl dieses Volk ihm
untreu war. Das Leben Jesu und seine Predigten präg-
ten entscheidend die Geschichte der christlichen Gemeinde, die ihre Mission auf der Grundlage der Sen-
dung Christi verstand als: dauerhaftes Werkzeug zu
sein für das Erbarmen und die Vergebung Gottes (siehe
Joh 20, 23).

[...] Im Sakrament der Vergebung zeigt Gott den
Weg der Hinwendung zu ihm und lädt uns ein, von
Neuem seine Nähe zu spüren. Empfangen wird diese
Vergebung vor allem, indem wir den *Weg der barmher-*
zigen Liebe leben. Daran erinnert uns auch der Apostel
Petrus, wenn er schreibt: »Die Liebe deckt viele Sünden zu.« (1 Petr 4, 8) Nur Gott verzeiht unsere Sünden,
doch er will von uns auch, dass wir anderen auf diese
Weise vergeben, so wie er uns vergeben hat: »Erlass
uns unsere Schulden, wie auch wir sie unseren Schuld-
nern erlassen haben.« (Mt 6, 12) Wie traurig es doch
ist, wenn wir in uns selbst verschlossen bleiben und unfähig sind zu verzeihen! Dann gewinnen Groll, Zorn
und Rache die Oberhand und machen unser Leben

unglücklich. Sie vereiteln das frohe Eintreten für die Barmherzigkeit.

[...] Das Jubiläumsjahr endet und die Heilige Pforte wird geschlossen. Aber die Pforte der Barmherzigkeit in unseren Herzen bleibt stets weit offen. Wir haben erfahren, dass Gott sich über uns beugt (siehe Hos 11,4), damit wir es ihm gleichtun können, indem wir uns über unsere Nächsten beugen. [...] Noch heute leiden ganze Völker Hunger und Durst. Bilder von Kindern, die nichts zu essen haben, wühlen uns auf. Ganze Menschenströme wandern von einem Land zum anderen auf der Suche nach Nahrung, Arbeit, Frieden und einem Heim. Krankheiten in ihren vielfältigen Formen sind ein steter Grund des Leidens, das von uns Hilfe, Trost und Unterstützung fordert. Die Gefängnisse sind nicht nur Orte, an denen eine Strafe verbüßt wird. Häufig kommt es zu allerlei Elend aufgrund der unmenschlichen Lebensbedingungen, die dort herrschen. Immer noch können viele Menschen weder schreiben noch lesen. Gerade Kindern bleibt es dadurch verwehrt, durch Bildung ihr Leben zu verbessern. Nicht selten zieht dies eine der zahllosen neuen Formen der Sklaverei nach sich. Die Anbetung des Individualismus, vor allem im Westen, lässt uns unseren Sinn für Solidarität und wechselseitige Verantwortung vergessen. Gott selbst ist heute für viele ein Unbekannter. Das aber ist die schlimmste Form der Verarmung und gleichzeitig das größte Hindernis für die Anerkennung der unveräußerlichen Würde des menschlichen Lebens. Die Werke der körperlichen und geistlichen Barmherzigkeit sind bis in unsere Tage der beste Beleg für die enorme positive Wirkung, die die Barmherzigkeit als *sozialer Wert* entfaltet. Sie ist es, die uns dazu treibt, die Ärmel hochzukrempeln, um Millionen von Menschen, die unsere Schwester und Brüder sind, ihre Würde zurückzugeben. Sie sind mit uns dazu berufen, eine »verlässliche Stadt«[55] zu errichten.

[…] *Dies ist die Zeit der Barmherzigkeit.* Jeder Tag unseres Weges ist von der Gegenwart Gottes geprägt, der unsere Schritte mit der Kraft der Gnade lenkt, der Heilige Geist unserem Herzen einflößt, um es zu formen und zur Liebe zu befähigen. *Es ist die Zeit der Barmherzigkeit* für alle und jeden, damit niemand glaubt, nicht in die Nähe Gottes berufen zu sein, in die Macht seiner Zärtlichkeit. *Es ist die Zeit der Barmherzigkeit,* damit all jene, die schwach sind und wehrlos, ferne und allein, die Präsenz ihrer Schwestern und Brüder fühlen, die sie in der Not stützen. *Es ist die Zeit der Barmherzigkeit,* damit die Armen den respektvollen und aufmerksamen Blick all jener auf sich ruhen fühlen, die die Essenz des Lebens entdecken, nachdem sie ihre Gleichgültigkeit überwunden haben. *Es ist die Zeit der Barmherzig-*

keit, damit kein Sünder je müde wird, um Vergebung zu bitten und die Hand des Vaters zu fühlen, der ihn aufnimmt und an sich drückt.

Io credo in Dio, Padre onnipotente

Creatore del cielo e della terra.

E in Gesù Cristo,

Suo unico Figlio, nostro Signore,

il quale fu concepito di Spirito Santo

nacque da Maria Vergine,

patì sotto Ponzio Pilato, fu crocifisso,

morì e fu sepolto; discese agli inferi;

il terzo giorno risuscitò da morte;

salì al cielo, siede alla destra

di Dio Padre onnipotente;

di là verrà a giudicare i vivi e i morti.

Credo nello Spirito Santo,

la Santa Chiesa cattolica,

la comunione dei santi,

la remissione dei peccati,

la risurrezione della carne,

la vita eterna.

Amen.

Ich glaube an Gott, den Vater, den Allmächtigen,

den Schöpfer des Himmels und der Erde,

und an Jesus Christus,

seinen eingeborenen Sohn, unsern Herrn,

empfangen durch den Heiligen Geist,

geboren von der Jungfrau Maria,

gelitten unter Pontius Pilatus, gekreuzigt,

gestorben und begraben, hinabgestiegen in das Reich des Todes,

am dritten Tage auferstanden von den Toten,

aufgefahren in den Himmel; er sitzt zur Rechten Gottes,

des allmächtigen Vaters;

von dort wird er kommen, zu richten die Lebenden und die Toten.

Ich glaube an den Heiligen Geist,

die heilige katholische Kirche,

Gemeinschaft der Heiligen,

Vergebung der Sünden,

<u>Auferstehung der Toten</u>

Und das ewige Leben.

Amen.

ICH GLAUBE AN
DIE AUFERSTEHUNG
DER TOTEN

Heiliger Vater, die siebte Wahrheit des Credo ist vielleicht
die größte und die am schwersten begreifliche: »Ich glaube an
die Auferstehung der Toten.« In meinem kleinen Geburts-
ort steht ein Kruzifix aus dem 13. Jahrhundert, vor dem
sich alle verbeugen: die Gläubigen, die Nicht-Gläubigen, so-
gar der ein oder andere, der so nebenher flucht. Wenn ich
vor diesem Kreuz stehen bleibe, um zu beten, wie der kleine
Junge in dem Film »Marcellino Brot und Wein«, denke ich
immer, dass dieses Antlitz alle Glaubensgeheimnisse meines
Dorfes umfasst. Es ist ein ganz besonderes Gesicht, weil es
kein bisschen geschunden wirkt, wie man das ja erwarten
würde. Nein, es ist vollkommen heiter: Es ist das Antlitz
des Mannes am Kreuz, der sich auf die Auferstehung vor-
bereitet. Wir neigen ja dazu, immer nur an die schlimmen
Vorhersagen zu glauben. Aber es fällt uns schwer zu glau-

ben, dass unser Leben sich eines Tages in Schönheit auflösen
wird. Viele Menschen, selbst Christen, zweifeln daran, dass
sie eines Tages auferstehen werden.

Wenn ein Mensch sich durch einen Unfall eine Narbe
am Arm zuzieht, dann wird er diese gewöhnlich ver-
decken, damit man sie nicht sieht. Er hält sie nur für
die Spur einer Verletzung, nicht für den Ausdruck von
etwas Schönem: Mut zum Beispiel, wenn er sein Leben
eingesetzt hat, um andere Menschen zu verteidigen. Es
gibt eben solche und solche Wunden. Genauso versuchen wir, die Zeichen der Zeit zu tilgen, Falten zum
Beispiel, weil sie zeigen, wie der Körper seine natür-
liche Schönheit verliert. Von der großen Schauspiele-
rin Anna Magnani heißt es, dass sie einmal zu einem
ihrer Maskenbilder gesagt hat: »Lass mir meine Falten.
Ich habe dafür ein ganzes Leben gebraucht.« Nur wenige Menschen sind in der Lage, das so zu sehen. Ständig versuchen wir, die unschönen Dinge zu verstecken –
Wunden oder Narben. Wir können uns einfach nicht
vorstellen, dass auch sie eine Schönheit besitzen, dass sie
Ausdruck eines *Versprechens* sein können. Genauso ist es
mit der Auferstehung. Wir begraben unsere Toten, beten für sie, aber glauben wir denn wirklich an die Auferstehung? Der heilige Paulus gebraucht hier drastische Worte: »Wenn es keine Auferstehung der Toten

gibt, ist auch Christus nicht auferweckt worden, dann ist unsere Verkündigung leer und euer Glaube sinnlos.« (1 Kor 15, 13–14) Wenn Dein Glaube lebendig ist wie der, den Deine Oma Dir weitergegeben hat – weil sie an die Auferstehung glaubte und jetzt, dank ihres Glaubens in der Anbetung Gottes lebt –, dann frag sie doch, ob es wahr ist: Sie wird Dir antworten. Wir können mit unseren Toten sprechen, mit unseren Vorfahren: Wir können sie fragen: Wo bist du? Denn sie sind bereits in Gott, sind Glieder des auferstandenen Leibes Jesu. Und am Ende kommt die universelle Auferstehung für alle.

Ich muss Ihnen gestehen, dass ich häufig an die Auferstehung denke. Aber in all ihrer Kraft erlebe ich sie vor allem bei Bestattungen. Vor Kurzem habe ich für meinen Onkel die Totenmesse gehalten. Ich wähle dafür immer eine Präfation, die mich zum Lächeln bringt. An jenem Tag habe ich den folgenden Satz gewählt: »Denn deinen Gläubigen, o Herr, wird das Leben gewandelt, nicht genommen. Und wenn die Herberge der irdischen Pilgerschaft zerfällt, ist uns im Himmel eine ewige Wohnung bereitet.«[56] Ich werde also nicht mit diesen Knochen auferstehen, aber ich bleibe ich selbst, wenn auch auf andere Weise: Dieser Gedanke beruhigt mich, weil er mir zeigt, dass nichts von dem, was ich mit Gott auf dieser Erde geschaffen habe, verloren gehen wird. Nein, der Teufel kann mir alles wegnehmen, aber nicht meine Freundschaft mit Gott. Das ist wirklich schön: Das Leben wird nicht genommen, sondern gewandelt.

Tertullian meint sogar: »Was den Christen ihr Vertrauen einflößt, ist die Auferstehung der Toten. Durch sie sind wir Gläubige geworden.«[57] Früher verbot die Kirche sogar Feuerbestattungen. Warum? Weil die Feinde der Kirche verbreiteten, es könne keine Auferstehung geben, wenn der Leib verbrannt worden sei. Heute hat sich das geändert. Heute ist auch die Feuerbestattung nicht verboten, »es sei denn, sie ist aus Gründen gewählt worden, die der christlichen Glaubenslehre widersprechen.«[58] Denn bei der Auferstehung geht es nicht um den physischen Leib, um Quantitäten und Maße: Hier ist das *geistliche Fleisch* angesprochen, das *gewandelte Fleisch*. Hier ist mit »Fleisch« *Leib und Seele* gemeint. Jesus selbst ist in seinem Leib auferstanden, er hatte sogar die Wundmale von der Kreuzigung: Weil er sie *gewollt* hat. Also wird auch unser Fleisch – wie wir sagen – *gewandelt*. Cyrillus von Alexandrien schreibt, dass die Auferstehung bereits mit der Taufe beginnt, die ein »Wiedererblühen« ist: »Wir sind wiedererblüht […] im Leben und in der Unsterblichkeit, denn unsere Wurzel ist das Leben, das heißt Christus. Und da er der Weinstock ist und wir die Reben (siehe Joh 15, 5), die mit ihm durch die Gemeinschaft im Geist verbunden sind, so ist er auch der Schössling, der Trieb, die Geburt, der Morgen, und wir treiben aus ihm und erblühen erneut.«[59] Aus diesem Grund habe ich gesagt, dass es gut ist, mit unseren Verstorbenen zu reden, die uns den Glauben weitergegeben haben: »Sag doch, wie geht es dir?« Machst Du das?

Meine Oma kommt mir dabei sogar zuvor. Manchmal, wenn ich eine wichtige Entscheidung zu treffen habe oder vor einer wichtigen Begegnung stehe, spüre ich ihre Präsenz. Und sie schlägt mir dann vor: »Guck mal, das wird passieren ... am besten machst du das so.« Als wäre sie schon vorher da. In diesem Sinne ist sie tatsächlich mein »ausführendes Organ«.

Und was antwortest du ihr? »Zurück an deinen Platz. Stör mich nicht!«?

Nein, ihre Präsenz ist so tröstlich, dass ich die Gemeinschaft mit den Verstorbenen tatsächlich glaube.

Ja, das ist wahr. Sie sind immer noch präsent.

Heiliger Vater, niemand hat je einen Verstorbenen auferstehen gesehen. Aber manchmal erleben wir eine Art »Wiedergeburt«: Totgeglaubte erheben sich. Mich zum Beispiel faszi-

nieren immer wieder die Sportler der Paralympics, die zum Beispiel in Rollstühlen zum Wettbewerb antreten und dabei eine unglaubliche Energie an den Tag legen. Da ich aus dem Veneto stamme und recht bodenständig bin, fällt es mir schwer, an die Auferstehung der Toten zu glauben, weil sie einfach im Jenseits stattfindet. Nun hat der Herr mich aber zum Anstaltsgeistlichen im Gefängnis gemacht, und dort erlebe ich immer wieder die Auferstehung der Lebenden. Als wolle er mir sagen: Glaube erst mal daran, dann kannst du für den Rest trainieren. In der Geschichte vieler Menschen, die wir für gescheitert hielten, liegt manchmal eine fast unglaubliche Kraft: Sie zeigen ein so kraftvolles Wiederaufleben, dass es – wie der heilige Paulus sagen würde – wie »der erste Anteil unseres Erbes« (Eph 1, 14) erscheint, eine Anzahlung auf die letztendliche Auferstehung. Beinahe, als wolle man uns zeigen: Mehr oder weniger so wird es sein. Wir fangen erneut an zu leben.

Ja, es gibt Menschen, die sich auf diese Weise verändern... Selbst in unserem Leben machen wir die Erfahrung der Auferstehung. Teilweise oder ganz, das wissen wir nicht. Du kennst diese Erfahrung, ich kenne sie, wir alle haben schon in der einen oder anderen Form eine teilweise Wiederauferstehung erlebt. Du sprichst von einer »Anzahlung«. Aber es gibt ein ganz klassisches Bild für diese Hoffnung: das des Ankers. Sich die Hoffnung zu erhalten ist, als würden wir den Anker in Richtung auf das andere Ufer werfen und uns am Seil festhalten. Wenn wir das Seil der Hoffnung fest in Händen behalten, sind wir auf einem guten Weg. Und die Hoffnung enttäuscht uns nie, wie der heilige Paulus sagt: »Die Hoffnung aber lässt nicht zugrunde gehen, denn die Liebe Gottes ist ausgegossen in unsere Herzen durch den Heiligen Geist, der uns gegeben ist.« (Röm 5, 5) Nicht wie Turandot, die glaubte, dass die Hoffnung trügerisch sei. Nein, sie enttäuscht uns wirklich nie.[60]

Warum verwechseln manche Menschen die Auferstehung mit der Wiedergeburt? Das sind doch zwei vollkommen verschiedene Dinge…

Ja, das eine hat mit dem anderen nichts zu tun. Diese Verwechslung entsteht wohl, weil manche Menschen nicht wirklich verstehen, worum es bei der Auferstehung und der Wiedergeburt geht. Wiedergeboren werden heißt, dass das Leben auf der Erde wieder beginnt. Es gibt viele Gründe, warum manche Menschen an die Wiedergeburt glauben. Einer davon ist die Erinnerung an Dinge, die man nicht selbst erlebt haben kann: Da fragen sich die Menschen natürlich, wie so etwas zustande kommt. Aber es gibt quasi ein *Urgedächtnis* der

Menschheit: Das ist keine persönliche Erinnerung an ein früheres Leben, sondern das Gedächtnis eines Volkes, das von den Ahnen vermittelt wird. Wie oft hat man uns die Geschichten unserer Eltern, unserer Großeltern und Urgroßeltern erzählt. Die haben wir dann vielleicht vergessen, doch diese Erinnerungen bleiben bestehen. Es handelt sich dabei um unser geschichtliches, kollektives Gedächtnis. Alle Völker haben solche Erinnerungen, auch wenn populistische Strömungen diese gern auslöschen möchten. Das Volk ist Souverän an sich. Es drückt sich auf seine ursprüngliche Weise aus, weil es ein eigenes Gedächtnis hat und einen Wertekanon, auf dessen Grundlage es Geschehnisse beurteilen kann. Und nicht, weil vorher ein anderes Leben gelebt wurde. Nein, es ist die Erinnerung dieses Volkes, die uns eine Geschichte übermittelt, ein historisches Gedächtnis, das aus unserer Zugehörigkeit zu *diesem* speziellen Volk stammt. Auch wir Christen tragen das Gedächtnis der Heiligen des ganzen Gottesvolkes in uns, und in der Eucharistie feiern wir die Erinnerung an das Leiden des Herrn.

Aber diese Verwechslung hat noch andere Wurzeln. Bei der Wiedergeburt wird dem Leben die Transzendenz genommen, weil man in einen *Zyklus* von Wiedergeburten eintritt, in dem das Leben immer immanent ist. Es gibt keine Transzendenz oder höchstens eine *his-*

torische Transzendenz, keine, die über die Grenzen dieses Lebens *hinausreicht*. Im Katechismus der katholischen Kirche heißt es aber: »Der Tod ist das Ende der irdischen Pilgerschaft des Menschen [...] Wenn unser einmaliger irdischer Lebenslauf erfüllt ist, kehren wir nicht mehr zurück, um noch weitere Male auf Erden zu leben. ›Es ist dem Menschen bestimmt, nur ein einziges Mal zu sterben.‹ (Hebr 9, 27). Nach dem Tod gibt es keine ›Reinkarnation‹.«[61]

DER WEG ZUR AUFERSTEHUNG

Heute komme ich noch mal auf das Wort zurück: »Ich glaube die Auferstehung der Toten.« Dies ist keine einfache Wahrheit und alles andere als selbstverständlich, denn da wir in dieser Welt leben, ist es nicht leicht, unsere künftige Wirklichkeit zu begreifen. Aber das Evangelium klärt uns diesbezüglich auf: Unsere Auferstehung ist eng verknüpft mit der Auferstehung Christi. Die Tatsache, dass er auferstanden ist, ist uns Beleg, dass es die Auferstehung von den Toten gibt. Ich möchte nun hier einige Aspekte näher erläutern, die sich aus der Beziehung zwischen der Auferstehung Christi und unserer eigenen ergeben. Er ist auferstanden, und da er auferstanden ist, werden auch wir auferstehen.

Vor allem aber enthält die Heilige Schrift *einen Weg zum vollen Glauben an die Auferstehung von den Toten*. Da ist zum einen der Glaube an Gott, den Schöpfer des ganzen Menschen – Leib und Seele –, dann der

Glaube an Gott, den Befreier, und an die Treue Gottes zu seinem Volk. Der Prophet Ezechiel sieht in einer Vision, wie sich die Gräber der Toten öffnen und die vertrockneten Knochen wieder zu leben beginnen, weil der lebensspendende Geist sie erwachen lässt. Diese Vision drückt die Hoffnung auf die künftige »Auferstehung Israels« aus, die Neugeburt des besiegten und gedemütigten Volkes (Ez 37, 1–14).

Jesus führt diese Offenbarung im Neuen Testament zur Vollendung und verknüpft den Glauben an die Auferstehung mit seiner Person, indem er sagt: »Ich bin die Auferstehung und das Leben.« (Joh 11, 25) Und tatsächlich ist es unser Herr Jesus, der am Tag des Gerichts all jene erweckt, die an ihn geglaubt haben. Jesus ist zu uns gekommen, er ist in allem Mensch geworden bis auf die Sünde. Auf diese Weise hat er uns mit sich genommen auf seinem Weg der Rückkehr zum Vater. Er, das Fleisch gewordene Wort, das für uns gestorben und wiederauferstanden ist, schenkt seinen Jüngern den Heiligen Geist als Vorgeschmack auf die vollkommene Gemeinschaft in seinem herrlichen Reich, auf das wir aufmerksam warten. Dieses Warten ist der Quell und die Ursache unserer Hoffnung: einer Hoffnung, die, wenn sie kultiviert und bewahrt wird – unsere Hoffnung, wenn wir sie kultivieren und bewahren –, zum Licht wird, das unsere persönliche Geschichte erhellt und auch die Geschichte unserer Gemeinschaft. Vergessen wir nicht: Wir sind Jünger des Einen, der gekommen ist, der jeden Tag kommt und der auch am Ende kommen wird. Gelingt es uns, uns diese Wirklichkeit stets vor Augen zu führen, dann wird uns der Alltag weniger ermüden, wird uns das Vergängliche weniger fesseln, sodass wir mit erbarmungsvollem Herzen auf dem Weg des Heils dahinschreiten können.

Ein weiterer Aspekt ist die Frage: *Was heißt denn nun Auferstehung?* Unser aller Auferstehung wird am letzten Tag geschehen, am Ende der Welt, durch das Wirken der göttlichen Allmacht, die unserem Körper das Leben zurückgibt und ihn mit der Seele vereint kraft der Auferstehung Jesu. Das ist die grundlegende Erklärung: Weil Jesus auferstanden ist, werden auch wir auferstehen. Wir dürfen auf die Auferstehung hoffen, weil er uns die Pforte zur Auferstehung geöffnet hat. Diese Umwandlung, diese Verklärung unseres Leibes wird in diesem Leben vorbereitet durch unsere Beziehung zu Jesus in den Sakramenten, insbesondere in der Eucharistie. Wir, die wir uns in diesem Leben von seinem Leib und seinem Blut ernährt haben, werden auferstehen wie er, mit ihm und durch ihn. Wie Jesus mit seinem Leib auferstanden und trotzdem nicht in ein irdisches Leben zurückgekehrt ist, so werden auch wir mit unserem Körper auferstehen, der in einen glorreichen Leib verwandelt wird. Das ist keine Lüge! Das ist wahr. Wir glauben, dass Jesus auferstanden ist, dass Jesus in diesem Moment lebt. Glaubt ihr denn, dass Jesus lebt? Und wenn er lebt, glaubt ihr, dass er uns sterben lassen, uns nicht auferwecken würde? Nein! Er erwartet uns, und weil er auferstanden ist, wird die Kraft seiner Auferstehung auch uns erwecken.

Und noch ein entscheidender Gedanke: *Wir dürfen schon in diesem Leben Anteil an der Auferstehung Christi haben.* Wenn es wahr ist, dass Jesus uns am Ende der Zeiten erweckt, dann ist auch wahr, dass wir in gewisser Weise mit ihm schon auferstanden sind. Das ewige Leben beginnt schon in diesem Moment, es beginnt während unseres ganzen Lebens, das sich schließlich auf den Moment der endgültigen Auferstehung ausrichtet. Tatsächlich sind wir schon durch die Taufe auferstanden, wir sind in Tod und Auferstehung Christi eingeschrieben und haben Anteil am neuen Leben, das sein Leben ist. Daher tragen wir, während wir auf den jüngsten Tag warten, in uns den Samen der Auferstehung, der die vollkommene Auferstehung vorwegnimmt, die unser Erbe ist. Daher hallt im Körper jedes Einzelnen von uns die Ewigkeit wider. Schon aus diesem Grund müssen

wir unseren Körper achten. Ebenso wie wir das Leben
all jener achten und lieben, die Leid erfahren, damit sie
die Nähe des Gottesreiches spüren können, jenes ewigen Lebens, auf das wir alle zugehen. Dieser Gedanke
schenkt uns Hoffnung: Wir sind auf dem Weg zur Auferstehung. Jesus sehen, Jesus begegnen: Das ist unsere
Freude! Wir werden alle zusammen sein – nicht hier auf
dem Petersplatz, aber an einem anderen Ort – und uns
mit Jesus freuen. Das ist unsere Bestimmung!

Io credo in Dio, Padre onnipotente

Creatore del cielo e della terra.

E in Gesù Cristo,

Suo unico Figlio, nostro Signore,

il quale fu concepito di Spirito Santo

nacque da Maria Vergine,

patì sotto Ponzio Pilato, fu crocifisso,

morì e fu sepolto; discese agli inferi;

il terzo giorno risuscitò da morte;

salì al cielo, siede alla destra

di Dio Padre onnipotente;

di là verrà a giudicare i vivi e i morti.

Credo nello Spirito Santo,

la Santa Chiesa cattolica,

la comunione dei santi,

la remissione dei peccati,

la risurrezione della carne,

la vita eterna.
_____

Amen.

Ich glaube an Gott, den Vater, den Allmächtigen,

den Schöpfer des Himmels und der Erde,

und an Jesus Christus,

seinen eingeborenen Sohn, unsern Herrn,

empfangen durch den Heiligen Geist,

geboren von der Jungfrau Maria,

gelitten unter Pontius Pilatus, gekreuzigt,

gestorben und begraben, hinabgestiegen in das Reich des Todes,

am dritten Tage auferstanden von den Toten,

aufgefahren in den Himmel; er sitzt zur Rechten Gottes,

des allmächtigen Vaters;

von dort wird er kommen, zu richten die Lebenden und die Toten.

Ich glaube an den Heiligen Geist,

die heilige katholische Kirche,

Gemeinschaft der Heiligen,

Vergebung der Sünden,

Auferstehung der Toten

Und das ewige Leben.

Amen.

ICH GLAUBE AN
DAS EWIGE LEBEN

Nun sind wir bei der letzten großen Glaubenswahrheit
angekommen, die jeden Christen darin bestärkt, dass der
Glaube von Wert ist: »Ich glaube an das ewige Leben.« Ich
lese häufig die Graffiti, die die Jugendlichen überall hinter-
lassen, ob nun an Mauern oder auf den Sitzen im Omni-
bus. Dabei überrascht mich immer wieder, dass für sie alles
ewig ist: für immer... forever... bis dass der Tod uns schei-
det... solange Sterne am Himmel strahlen... Dann fal-
len mir wieder all die wohltätigen Stiftungen ein, die Ver-
storbene gegründet haben, damit man auch nach ihrem Tod
noch ihrer gedenkt. Bei Gläubigen und Nicht-Gläubigen
gleichermaßen ist also der große Wunsch zu verspüren, dass
mit dem irdischen Leben nicht alles zu Ende sein möge. Das
Christentum lehrt uns, dass wir hier – in diesem Leben –
um die Ewigkeit »spielen« und dass der Tag kommen wird,
an dem das Gericht kommt. Nun behagt es ja keinem Men-
schen, von anderen verurteilt zu werden, von Gott schon gar

nicht. Michelangelo hat das Jüngste Gericht in der Sixti-
nischen Kapelle ja in beeindruckender Schönheit dargestellt.
Wie sieht also das Gericht aus, das uns alle erwartet?

Ich weiß es nicht ... ich habe das Jüngste Gericht noch
nie erlebt ... Wenn ich mir vorstelle, wie dieses Gericht
sein mag, dann denke ich an ... eine *Umarmung.* Der
Herr drückt mich an sich und sagt zu mir: »Hier warst
du treu, hier weniger. Aber komm trotzdem, wir wollen
feiern, weil du angekommen bist.« Er wird die Fehler
verzeihen, die ich begangen habe – dessen bin ich sicher.
Denn er hat einen »Mangel«. Er ist selbst ein »Versehr-
ter«: Es ist ihm unmöglich, *nicht zu verzeihen.* Das ist
die »Krankheit« der Barmherzigkeit. Gott ist »krank«
vor Barmherzigkeit. Er bringt es nicht über sich, nicht
zu verzeihen. Wenn wir mit niedergeschlagenen Augen
vor ihn treten, voller Demut, dann genügt das schon.
Ich jedenfalls stelle mir das so vor. Ich halte das Jüngste
Gericht nicht für eine Buchprüfung: Schau nur, was ich
getan habe. Und das, und jenes ... Ich stelle mir diesen
Augenblick am Ende des Lebens vor, in dem ich mich
Gott nähere, verführt von dieser Schönheit, mit demü-
tiger Seele und gesenktem Kopf. Ich stelle mir seine
Umarmung vor und meinen Blick, der sich zu ihm erhebt. Ich würde nicht wagen, ihn anzusehen, ohne zuvor seine Umarmung verspürt zu haben. Ich weiß nicht,

aber ich glaube, dass das Jüngste Gericht so vonstatten gehen wird. Vielleicht ist das ja reine Fantasie, aber ich glaube daran.

Dabei kommt mir ein Bild in den Sinn. Am Tag des Gerichts öffnen sich zwei Wege vor uns: der zum Paradies und der zur Hölle. Während Sie so sprachen, fiel mir ein Zitat von Charles Péguy ein, den Sie ja auch sehr schätzen: »Leib und Seele sind entweder zwei in ewiger Anbetung gefaltete Hände oder zwei durch ewige Bosheit mit Handschellen aneinandergefesselte Gelenke.« Fangen wir also mit dem Paradies an. Der Heiligen Schrift zufolge ist es der Ort, den Gott jenen bereitet hat, die ihn lieben: Wer also wohnt im Paradies?

Das Paradies ist kein *Ort*, es ist ein *Zustand* des Lebens und der Kontemplation. Im Paradies zu leben heißt, Gott anzubeten, die Muttergottes und die Menschen, die dort schon in Frieden angekommen sind. Johannes von Damaskus beschreibt das Paradies so: »Unaufhörlich und unablässig den Schöpfer zu preisen und in seiner Anschauung zu schwelgen und auf ihn unsere Sorge zu werfen.«[62] Es ist Freude und Glück, es ist genau das, was wir jeden Tag suchen.

Aber genügt es denn wirklich, den Dürstenden ein Glas Wasser zu geben, um dorthin zu kommen (Mt 25, 35–44)?

Ich denke schon, denn die Bilanz Gottes ist nie ganz ausgeglichen: Er schenkt uns weit mehr, als wir geben können…

Gott beruft für das Jüngste Gericht einen seltsamen Aufsichtsrat ein…

Er verwendet Kriterien, die sich von den unseren massiv unterscheiden, eben weil er krank vor Barmherzigkeit ist. Ich sage das nicht, weil ich die Menschen zum Sündigen anhalten will. Nein, damit sie erfahren, welch großen und gütigen Gott sie haben, und sich davon anrühren lassen! Wenn Du erfährst, dass Dein Vater krank ist, dann suchst Du ihn ja auch auf und liebst ihn noch mehr als sonst. Und Gott ist krank vor barmherziger Liebe. Vielleicht wirst Du deswegen gleich morgen Anklage wegen Ketzerei erheben… Ich jedenfalls stelle mir unseren Vater immer vor wie im Gleichnis vom verlorenen Sohn (siehe Lk 15, 11–32), der den Sohn schon von Weitem kommen sieht. Denn er ist jeden Tag aufs Dach seines Hauses gestiegen, um nachzusehen, ob der verlorene Sohn nicht zurückkäme. So ist unser Vater.

In der Göttlichen Komödie *widmet der Heilige Bernhard der Jungfrau Maria, die die Pforten zum Paradies offen hält, einige wunderschöne Verse.*[63] *Welche Rolle spielt Maria im Paradies?*

In Kalabrien, wo viele Zitrusfrüchte wachsen, wird die Madonna der Mandarinen verehrt, die auch als Madonna der Diebe und Räuber bekannt ist, weil sie ihnen die Pforten ins Paradies öffnet. Die Tradition will es, dass die Diebe sich nach ihrem Tod in die Schlange stellen, die vor dem Hl. Petrus wartet. Der nämlich öffnet all jenen Menschen die Pforte, die es verdient haben. Die Muttergottes aber sieht sie und macht ihnen ein Zeichen, damit sie sich verstecken. Des Nachts dann, wenn alle fort sind und Petrus die Pforten geschlossen hat, ruft die Madonna die Diebe zu sich und lässt sie durchs Fenster ein. Das ist eine Volkssage, aber zweifels ohne eine sehr schöne.

Maria, die für uns bittet…

Ja, das ist ihre Fürsprache. Und wenn Maria nachts das Fenster öffnet, lässt sie sie im Dunkeln ein. Es ist Maria, die in Kanaan auf des Sohnes Worte hin: »Was willst du von mir, Frau? Meine Stunde ist noch nicht gekommen« zu den Dienern sagt: »Was er euch sagt, das tut.«

(Joh 2, 1–11) Was sie in Kanaan getan hat, das wiederholt sie auch jetzt, wenn sie von uns, von jedem Einzelnen, zu ihrem Sohn spricht. Wenn wir sie anrufen, hält sie beim Sohn Fürsprache für uns. Sie selbst kann ja nichts tun. Sie kann nur mit ihrem Sohn reden, wie sie es in Kanaan getan hat.

Was Sie gesagt haben, berührt mich tief: Dass nämlich Paradies, Fegefeuer und Hölle keine geografischen Orte sind, sondern Zustände unseres Lebens, unserer Beziehung zu Gott.

Gott sei Dank sind es keine geografischen Orte, sondern eben etwas anderes.

Doch auch wenn es sich nicht um einen geografischen Ort handelt, ist die Hölle doch das Gegenteil vom Paradies. Was die Hölle angeht, so zirkulieren da Millionen von verschiedenen Interpretationen. Eines aber ist sicher: Niemand wird von Gott zur Hölle bestimmt. In die Hölle kommen nur jene, die die Liebe Gottes zurückweisen: Das ist die Sünde wider den Heiligen Geist, die niemals verziehen werden kann. Das ist eine Gewissheit. Die zweite ist es, dass es in der Hölle mindestens ein Geschöpf gibt, das dort die Ehrenbürgerwürde besitzt: Es handelt sich um Luzifer, der Teufel. Alles andere unterliegt der göttlichen Barmherzigkeit.

Das können wir nicht wissen. Es gibt einige Menschen, darunter auch historische Persönlichkeiten, die der Liebe Gottes gegenüber bis zum Ende verschlossen blieben. Trotzdem können wir nicht wissen, was mit ihnen geschieht, denn Gott ist krank vor Barmherzigkeit. Andererseits ist es ganz richtig, dass er nichts bewirken kann, wenn das Herz der Menschen verschlossen bleibt. Wenn einer aus dem Leben eine »Impfung« mitnimmt, die ihn gegen die göttliche Barmherzigkeit immun macht, dann ist es vorbei. Es gibt da eine Geschichte, eine Volkssage, wonach Judas, bevor er sich erhängte, nach der Muttergottes gesucht haben soll, sie aber nicht fand. Ich denke gerne, dass das wirklich passiert ist. Denn daraus ziehe ich die Zuversicht, auch eine Mutter zu haben. Das ist eine der Liebenswürdigkeiten Gottes: die Rolle der Mutter. Wie oft wenden wir uns in den schwierigen Momenten des Lebens an die Mama. Viel eher als an den Vater, vor dem wir vielleicht immer ein bisschen Angst haben. Und obwohl wir ihr nicht ganz genau erzählen, was passiert ist, versteht sie. Das hat viel mit Zärtlichkeit zu tun. Durch die Propheten hat Gott sich häufig wie eine Mutter gezeigt: »Kann denn eine Frau ihr Kindlein vergessen, eine Mutter ihren leiblichen Sohn? Und selbst wenn sie ihn vergessen würde: ich vergesse dich nicht.« (Jes 49, 15) Gott ist mehr als eine Mutter. Krank vor Barmherzigkeit und voller »Schwäche« für uns: Die Zärtlichkeit der Mutter ist eine Schwäche, und Maria symbolisiert die Zärtlichkeit Gottes. Sie ist die Mutter, die uns hilft und uns voller Zärtlichkeit zu Gott führt. Lass Dich von der Madonna streicheln – sage ich immer wieder: Sie ist deine Mutter. Bete zu ihr, betrachte sie, lass dich von ihr ansehen. Sie wird dich ins Paradies einlassen. Aber nicht wie in der Geschichte von der Madonna der Mandarinen: Sie führt dich als Mutter hinein.

Das Fegefeuer macht mich stets neugierig, vielleicht auch wegen meiner persönlichen Geschichte mit Gott. Ich muss Ihnen gestehen, dass ich erst in den letzten Jahren verstanden habe, dass das Fegefeuer mit der Hölle nichts zu tun hat. Im Fegefeuer finden sich jene, die das Antlitz Gottes schon erblicken können. Sie sind schon auf dem richtigen Weg, auf der Straße nach Hause. Aber es fehlt ihnen noch etwas, um zu der Heiligkeit zu gelangen, die im Paradies nötig ist. Vielleicht ist dies ja der eigentliche Sinn der Bitte, die vor allem in kleinen Dörfern immer wieder an die Priester gerichtet wird: eine Messe für die Verstorbenen zu lesen. Im Fegefeuer gibt es Hoffnung …

Ja, natürlich gibt es da Hoffnung. Benedikt XVI., ein großer Theologe, hat das Fegefeuer sehr schön beschrieben.[64] Er hat erklärt, dass es sich dabei um einen Weg handelt, einen Weg des Reinwerdens in der Liebe. Eines noch vorläufigen Weges vom körperlichen Tod bis zur seligen Schau Gottes, bis zur Ewigkeit.[65] Es ist wahr, dass Jesus von der Hölle und vom Feuer spricht[66], doch dabei geht es um das Feuer der Verzweiflung all jener, die Gott zurückgewiesen haben, die ihn nicht wollen. Und vom Feuer des Hasses, dem Feuer Satans. Es ist der Hass des Fluches, der einen verbrennt. Aber es gibt eben auch das Feuer der Reinigung. Es ist wunderschön zu lesen, wie Benedikt XVI. das Fegefeuer erklärt. Das hilft wirklich sehr.

Heiliger Vater, während Sie gesprochen haben, haben Sie mich durch das Credo im Glauben bestärkt. Ich habe mehr noch als sonst gespürt, dass ich Kirche bin. Warum? Denn mir ist ein Satz im Gedächtnis geblieben, den ich einmal aufgesprüht an einer Wand gelesen habe. Vermutlich sollte das ein Witz sein, mich aber hat es nicht zum Lachen gebracht. Es hieß dort: »Mit Gott habe ich kein Problem. Mit seinem Fanclub aber mehr als eines.« Vermutlich hat der Schreiber mit »Fanclub« ironisch auf die Kirche angespielt. Ignazio Silone meinte einmal, er habe die Leute satt, die einem mit derselben Gleichgültigkeit, mit der sie auf die Trambahn warten, erzählen, sie erwarteten die Rückkehr Jesu und die Auferstehung der Toten. Daher frage ich Sie: Was können wir tun, um das Feuer der Anziehung wie-

der zu entfachen, um Christus in seiner Kirche wieder zum Atmen zu bringen?

Diese Frage erinnert mich an einen Film, den ich schon vor Jahren gesehen habe. Es ging um einen Gauner, der mit einem Priester befreundet war. Am Ende hieß es da: »Lied und Sänger sind nicht dasselbe. Wir müssen uns also entscheiden.« Wenn wir diesen Satz auf unser Gespräch anwenden, hieße das: Wenn der Sänger eine Person ist, bei der Leben und Zeugnis zusammenpassen, dann wird sie den Glauben in jenen erwecken, die ihr zuhören. Trällert der Sänger aber einfach so dahin, um auch irgendwas zu tun, und deckt sich sein Leben nicht mit dem, was er von sich gibt, dann wird der Glaube nicht weitergegeben. Dann kann er nicht wachsen. Die »Sprache«, in der der Glaube weitergegeben wird, ist die Sprache des Zeugnisses, der Kohärenz. Die Sprache, die deine Mutter und deine Oma sprachen, als sie dir den Glauben vermittelten, weil du diese Kohärenz in ihnen gesehen hast. Wenn es diesen inneren Zusammenhang, nicht gibt, wenn ein Christ nicht mit seinen Werken Zeugnis ablegt, wenn wir Priester nicht mit unserem Tun Zeugnis ablegen, wenn Du als Priester, ich als Bischof nicht mit unserem Handeln Zeugnis ablegen, dann werden die Menschen sich von uns entfernen. Das Lied und der Sänger, sie müssen zusammenpassen.

Heiliger Vater, ich danke Ihnen, weil Sie mir stets in meinem Glauben helfen, mir und meinen Leuten und der ganzen Welt.

Ich danke Dir für Deine Arbeit und Dein lebendiges Zeugnis.

IM ANGESICHT GOTTES

Heute möchte ich mit der letzten Reihe der Katechese (Unterweisungen) zum Glaubensbekenntnis beginnen, wo es um den Satz geht: »Ich glaube an das ewige Leben.«. Insbesondere möchte ich über das Jüngste Gericht sprechen. Davor dürfen wir keine Angst haben: Hören wir doch nur, was das Wort Gottes uns sagt. So heißt es im Evangelium nach Matthäus: »Wenn der Menschensohn in seiner Herrlichkeit kommt und alle Engel mit ihm [...] Und alle Völker werden vor ihm zusammengerufen werden und er wird sie voneinander scheiden wie der Hirt die Schafe von den Böcken scheidet. Er wird die Schafe zu seiner Rechten versammeln, die Böcke aber zur Linken. [...] Und sie werden weggehen und die ewige Strafe erhalten, die Gerechten aber das ewige Leben.« (Mt 25, 31–46) Wenn wir an die Wiederkehr Christi denken und an sein Jüngstes Gericht, in dem sich bis zur letzten Konsequenz das Gute zeigt, das jeder im Laufe seines irdischen Lebens begangen oder eben unterlassen hat, merken wir, dass wir vor einem Geheimnis stehen, das größer ist als wir, ja das wir uns nicht einmal ansatzweise vorstellen können. Ein Geheimnis, das in uns ein Gefühl der Furcht, ja des Bangens erweckt. Denken wir dann aber über diese Wirklichkeit einmal nach, dann wird sie das Herz jedes Christen weit machen und uns Anlass zu Trost und Vertrauen geben.

Was dies angeht, ist vor allem das Zeugnis der ersten Christengemeinden eindrucksvoll. Sie nämlich feierten Messe und Gebete mit dem Ruf »Maranathà«. Er setzt sich zusammen aus zwei aramäischen Worten, die je nachdem, wie man sie ausspricht, zweierlei bedeuten können: die Bitte »Komm, Herr« oder die vom Glauben genährte Gewissheit, dass der Herr kommen wird: »Ja, der Herr kommt, der Herr ist nahe.« In diesem Satz findet die gesamte christliche Offenbarung ihren Höhepunkt, am Ende der wunderbaren Kontemplation, die uns in der Apokalypse geboten wird (Offb 22, 20). In diesem Fall wendet sich die Kirche als Braut im Namen der gesamten Menschheit und als ihre Erstlingsgabe an Christus, ihren Bräutigam, und sehnt sich innig nach seiner Umarmung: die Umarmung Jesu, die Fülle des Lebens und Fülle der Liebe ist. Auf diese Weise umarmt uns Jesus. Wenn wir aus diesem Blickwinkel auf das Jüngste Gericht schauen, lässt die Angst nach und gibt dieser Erwartung und einer tiefen Freude Raum: In eben diesem Augenblick, in dem wir bereit sind, in die Glorie Christi gewandet zu werden wie in ein Hochzeitskleid, werden wir beurteilt. Und wir werden zum Bankett geführt, das die volle und endgültige Gemeinschaft mit Gott verbildlicht.

Ein zweiter Beweggrund für unser Vertrauen findet sich in der Feststellung, dass wir im Augenblick des Gerichts *nicht allein gelassen werden.* Es ist Jesus selbst, der im Evangelium nach Matthäus verkündet, dass am Ende der Zeiten jene, die ihm gefolgt sind, in seiner Herrlichkeit sitzen und gemeinsam mit ihm richten werden (Mt 19,28). Und Paulus erklärt in seinem ersten Brief an die Korinther: »Wisst ihr denn nicht, dass die Heiligen die Welt richten werden? […] Also erst recht über Alltägliches.« (1 Kor 6, 2–3) Wie schön zu wissen, dass wir nicht nur auf Christus, unseren Tröster, unseren Anwalt vor dem Vater (1 Joh 2, 1) zählen können, sondern auch auf das Wohlwollen unserer »älteren« Brüder und Schwestern, die uns auf dem Weg des Glaubens vorangegangen sind, die ihr Leben für uns hingegeben haben und uns immer noch unsagbar lieben! Die Heiligen leben bereits im Angesicht Gottes, im ganzen Glanze seiner Herrlichkeit und sie beten für uns, die wir noch auf Erden sind. Wie sehr diese Gewissheit unser Herz doch tröstet! Die Kirche ist wahrhaft unsere Mutter, und wie eine Mutter strebt sie das Beste für ihre Kinder an, vor allem für jene, die fern von ihr sind und leiden, bis sie ihre Vollendung im verherrlichten Leib Jesu Christi finden wird mitsamt allen Gliedern.

Einen letzten Beweggrund liefert uns das Evangelium nach Johannes, in dem es ausdrücklich heißt: »Denn Gott hat seinen Sohn nicht in die Welt gesandt, damit er die Welt richtet, sondern damit die Welt durch ihn gerettet wird. Wer an ihn glaubt, wird nicht gerichtet; wer nicht glaubt, ist schon gerichtet, weil er an den Namen des einzigen Sohnes Gottes nicht geglaubt hat.« (Joh 3, 17–18) Das heißt also, dass das Jüngste Gericht *schon jetzt stattfindet*, im Laufe unseres Lebens. Dieses Urteil wird in jedem Moment unseres Lebens gesprochen, als Ergebnis unserer gläubigen Offenheit für das durch Christus gegenwärtige und wirkende Heil oder eben als Resultat unseres fehlenden Glaubens und der daraus folgenden Verschlossenheit in uns selbst. Wenn wir uns vor der Liebe Jesu verschließen, dann verurteilen wir uns selbst. Das Heil liegt darin, dass wir uns für ihn öffnen, dann wird er uns erretten. Wenn wir sündig sind – und das sind wir alle –, bitten wir ihn um Vergebung. Wenn wir auf ihn zugehen mit dem Willen, gut zu sein, dann wird der Herr uns verzeihen. Dazu aber müssen wir uns für die Liebe Jesu öffnen, die stärker ist als alles andere. Die Liebe Jesu ist groß, die Liebe Jesu ist barmherzig, die Liebe Jesu vergibt. Aber dazu musst du dich öffnen, und Sich-Öffnen heißt in diesem Fall bereuen. Sich klar zu sagen, was an den Dingen, die wir getan haben, nicht gut war. Unser Herr Jesus hat sich für uns hingegeben und er gibt sich weiter für uns hin, damit wir erfüllt werden können mit der Barmherzigkeit und Gnade des Vaters. In gewissem Sinne sind also wir es, die über uns das Urteil sprechen. Wir verurteilen uns selbst zum Ausschluss von der Gemeinschaft mit Gott und unseren Geschwistern. Daher lasst uns nicht müde werden, über unsere Gedanken, unsere inneren Haltungen zu wachen, um schon jetzt einen Vorgeschmack zu bekommen auf die Wärme und das Strahlen im Angesicht Gottes – das von grenzenloser Schönheit sein wird. Denn im ewigen Leben werden wir in aller Fülle in diesen Genuss kommen. Lasst uns an das Gericht denken, das jetzt schon beginnt, das längst begonnen hat. Lasst uns unsere Herzen öffnen für Jesus und sein Heil. Lasst uns vorangehen ohne Angst, denn die Liebe Jesu ist größer, und wenn wir ihn um Vergebung für unsere Sünden bitten, wird er uns verzeihen. So ist Jesus. Lasst uns voranschreiten in der Gewissheit, dass er uns in die Herrlichkeit des Himmels führen wird.

II

ICH GLAUBE AN DIE AUFERSTEHUNG DER LEBENDEN

Von Marco Pozza

Ein Tischbein ist kürzer als die restlichen drei: Ein untergelegter Plastikkorken gleicht aus, was fehlt. Die verblichene Tischplatte ist vollgekritzelt: Im Gefängnis wird jede Holzfläche zum Tagebuch, zur Chronik. Waffen sind wie Frauen, hat einer hingeschrieben, wenn du sie nicht genug liebkost, werden sie steif. Sie verraten dich. »Held oder Dreck: Eine Mitte gab es nicht«, wie Dostojewski schreibt[67]. Auf harten Sitzen vier Männer, die Karten spielen. Niedrige Stirn, Glotzaugen, träge.

Die Zelle ist karg eingerichtet, fast schon trostlos. Draußen auf dem Flur hören die Stimmen der Männer sich an wie das Brüllen von Stieren: Die Worte überschneiden sich, keiner hört dem anderen zu. Wären sie ganz ehrlich miteinander, würden sie den anderen nur um einen Gefallen bitten: Schnell zu sterben, um die Zelle für sich zu haben! Die Blicke fühlen sich an wie der Druck eines Fingers gegen eine Wand: Ich spüre, dass hier nur noch wenige das Gute anstreben.

Dann plötzlich ein Hauch von Höflichkeit: »Willst du einen Kaffee?« Das ist der einzige Reichtum, der in diesem kargen Raum verblieben ist. Im Gefängnis ist der Kaffee eine verdeckte Bitte, die heißt: »Komm, Freund, setz dich. Hör mir zu.« Ansonsten kann man nur mit sich selbst reden.

»Ich bin jetzt sechzig und lebe seit mehr als dreißig Jahren in dieser Zelle«, erzählt mir einer der vier Spieler, während er Burraco spielt, eine Art Canasta. Ich sehe mich um, ob die dreißig Jahre irgendwo vermerkt sind. Nichts. Er führt nicht mehr Buch über die Zeit. Er sagt, das letzte Jahr sei für ihn eine Riesenenttäuschung gewesen: »Man hat mir das ›lebenslänglich‹ bestätigt. Ich gehöre zu denen, die hier nicht mehr rauskommen.« Einen Augenblick unterbricht er die Partie, richtet seinen Blick direkt auf mich. Wie ein Scharfschütze: »Du weißt doch, was eine Guillotine ist?« Er fährt sich mit der Hand quer über den Hals. »Eben das ist das Gefängnis: Nur dass man ein Leben braucht, um davon herunterzusteigen.«

Ein Kalender würde ihn nur an die Guillotine erinnern: »Ich will das Zeug nicht mehr sehen.«

Heute ist Karsamstag: der Tag der großen Stille. Der großen Zweifel.

Draußen vor der Zelle erschallen die Stimmen der anderen. Wie Hunde, die bellen. Schon ihr Lachen ist eine Beleidigung.

Hunde, die bellen, um die Passanten abzuschrecken.

»Wächter, wie lange noch dauert die Nacht? [...]
»Es kommt der Morgen, es kommt auch die Nacht.
Wenn ihr fragen wollt, kommt wieder und fragt!«
(Jes 21, 11–12)

Das Licht zeichnet ein holzschnittartiges Bild der Gesichter. »Wir haben nichts getan, was nicht andere schon vor uns getan hätten«, mischt sich ein anderer Spieler in das Gespräch. »Gaunereien, eine nach der anderen. Spannende Sachen, die mir so richtig Spaß gemacht haben: Wir haben sogar die Schatten bluten lassen.« Das ist das Gesetz des Verbrechens: Für Ruhm und Geld verbirgt man das Gute und gibt sich schlecht. »Damals war ich von einer grenzenlosen Unwissenheit.« Wenn du keine Antworten findest, ist es ein beliebter Kunstgriff, das, was man nicht kennt, für dummes Zeug zu halten: Das ist überall das Gleiche. Für all jene aber, die mit der Bürde der Guillotine nicht zurechtkommen, gibt es im Gefängnis gerade genug Ins-

trumente, um Schluss zu machen: die Schlinge des Bett-
tuches oder irgendwas Spitzes, das man sich in die Brust
rammen kann.

Während sie den Punktestand notieren, wird eifrig
debattiert: Die Schrift ist jungfräulich, als hätten sie
gerade erst schreiben gelernt. Die Zahlen werden dick
nachgezeichnet. Und mit der Zeit hat man eine geüb-
tere Hand. Auch das Gute und das Böse sind Übungen:
»Als ich ins Gefängnis kam, konnte ich kaum meinen
Namen schreiben«, gesteht der Dritte, während er die
Karten neu verteilt. »Soll ich mich dafür etwa schämen?
Das ist alles Vergangenheit, und ich erinnere mich nicht
gerne daran, aber es *ist wahr*.« Bestimmte Erinnerungen sind wie Geier, die sich um einen Kadaver versammeln. »Kennst du den Witz, der hier drin am beliebtes-
ten ist?«, fragt mich der Dritte. »Der Strafvollzug darf
den Grundsätzen der Menschlichkeit nicht zuwiderlau-
fen. Er soll außerdem den Verurteilten zur Resozialisierung befähigen.« Es handelt sich um Artikel 27 der
Italienischen Verfassung. Hier drin kennen die meisten Verurteilten Verfassung und Strafgesetz auswendig:
schon aus rein pragmatischen Gründen, um sich zu verteidigen. »Das ist der schönste und am wenigsten um-
gesetzte Verfassungsgrundsatz auf der ganzen Welt«,
fügt der vierte hinzu. Er ist Zellengenosse des Ersten,
gleichzeitig aber Gegner im Spiel. Ich bekomme also

eine staatsbürgerliche Lektion hier in der Zelle. »Na ja, was geschrieben steht, steht geschrieben«, fährt er fort. »Wahr ist es deshalb noch lange nicht: Nach der angeblichen Resozialisierung sind die meisten Haftentlassenen zorniger als je zuvor.«

Sie lesen die Karten, als handle es sich um eine Grammatik: Pik, Herz, Karo, Kreuz. Sie brüllen sich an, einer flucht, sie teilen aus, was das Zeug hält. Wenn man gegeneinander spielt, ist Barmherzigkeit was für Warmduscher. »Hier geht es ernst auf ernst. Wir schachern auf Teufel komm raus, bis zur letzten Karte. Aber dann sind wir Freunde wie vorher.« Das Gefängnis ist eine schreckliche Kreatur: halb Mensch, halb Gebäude. Hier ist es immer laut. Einer vom Wachpersonal brüllt den Namen eines Spielers. Da ist Schluss mit der Partie. Die Männer lassen die Finger knacken. Der mit dem seltsamen Akzent ergreift die Gelegenheit, um mir ein Geständnis zu machen: »Die einzige Resozialisierung, die wirklich funktioniert, ist Bildung. Mich haben die Bücher gerettet.« Mir war gar nicht aufgefallen, dass die Bücher in dieser Zelle das einzige Mobiliar waren, das nicht zum Gefängnis gehörte. Der Mann nimmt eines zur Hand, schnuppert daran, streicht ihm über den Rücken: »Ich habe immer einen ganzen Stapel neben dem Bett. Wenn ich aufwache, mache ich das Kreuzzeichen, schalte das Licht ein, setze meine Brille auf und schnappe mir ein Buch. Die Seiten, die ich am Morgen lese, schenken mir Kraft für den ganzen Tag.« Wenn man vor einem Scherbenhaufen steht, fängt man immer mit den kleinen Dingen an: das schwache Licht einer Lampe, ein Buch, das von Zelle zu Zelle wandert, ein Kartenspiel, ein Mensch, der dich für würdig hält, das Wort an dich zu richten, ohne sich über die von dir begangene Tat aufzuregen.

Wenn es drängende Fragen gibt, muss man sich auf eine Antwort einlassen. »Ich hatte keine Antworten«, lächelt er, »ich habe mir noch nicht mal Fragen gestellt.« Hier drin fehlt es dazu vor allem am Wortschatz: »Als ich mein dreißigjähriges Jubiläum im Gefängnis feierte, habe ich mich angemeldet, um den Grundschulabschluss nachzuholen.« Die anderen sehen ihn mit unverhohlener Bewunderung an. Wenn er spricht, wirkt er absolut faszinierend. »Ich habe tolle Lehrer: Sie fördern aus mir Dinge zutage, die ich seit Jahren tief in mir vergraben hatte.«

Die Bildung ist wie ein Gewehrschuss: Die Unwissenheit verflüchtigt sich, ohne Widerstand zu leisten. Wie das Licht zu Winteranfang. »Der studiert den lieben langen Tag«, offenbart sein Gegenspieler. »Nach der Grundschule hat er die Hauptschule gemacht, dann die Oberstufe. Und jetzt ist er an der Uni eingeschrieben. Ihm gefällt das Studieren wohl genauso wie uns das

Kartenspielen.« Sie lachen laut. Aber das ist eher eine Gratulation als Hohn: Wenn du das Beste kennengelernt hast und weißt, dass es in deiner Macht liegt, es dir zu besorgen, warum sollte man es sich verweigern? Das Lächeln sieht mehr nach Rivalität aus als nach Feindseligkeit: »Scherz beiseite, es ist immer noch das Kartenspiel, das uns hier drin am Leben hält.«

Nach Jahren im Keller bleibt das Leben doch immer noch Leben. Und das Kartenspiel ist sein Retter: »Es heißt doch immer, dass man erst erwachsen ist, wenn man aufhört zu spielen«, sagt einer der vier lächelnd, wie um sich unverlangt zu rechtfertigen. »Wenn du hier zu spielen aufhörst, verlischst du einfach.« Wie hätten sie auch wissen sollen, damals, als sie andere Menschen angegriffen haben, dass sie auf der Suche nach etwas waren, dessen Abwesenheit ihnen jetzt das Leben nahezu unmöglich macht.

Damals wussten sie noch nicht, dass das eigene Nichts anzubieten auch einen Wert hat.

Das Rasseln der Schlüssel wird übertönt von einer weiblichen Stimme. Das Quietschen der Türen beißt sich mit der Keuschheit des Gesangs, das Liniennetz der Gitterstäbe zerteilt die Helligkeit des Lichts. Unten in der Kirche proben sie das *Exsultet* für die Osternacht. Chiara hilft dem Diakon, den richtigen Ton zu finden.

Frohlocket, ihr Chöre der Engel,
frohlocket, ihr himmlischen Scharen:
Lasset die Posaune erschallen,
preiset den Sieger, den erhabenen König![68]

Worte der Liturgie, reine Poesie.

Chiara ist eine von diesen lebensrettenden Frauen. Eine Frau in einem Umfeld ausschließlich von Männern, die Böses getan haben. »Mit dreißig Jahren habe ich mich gefragt, wer der Gott ist, zu dem ich bete: ›Ich glaube an Gott, den Vater, den Allmächtigen. Und an Jesus Christus und den Heiligen Geist.‹ Ich begriff, dass ich nicht die richtigen Instrumente besaß, um mir diese Frage zu stellen: Ich hatte keine Ahnung, wo ich nach einer Antwort suchen sollte. Also habe ich angefangen, Theologie zu studieren. Aber statt Antworten zu finden, stieß ich immer nur auf neue, drängende Fragen.« Dem Schmerz muss man sich mit zarten Fingern nähern, mit Scham im Blick und viel Herz dabei. »Ich studierte ihn also, und eines Tages kehrte ich zurück, um ihn um eine Antwort zu bitten: ›Jetzt, wo ich weiß, wie Du heißt, sag mir doch, wo ich Dich finden kann.‹ Und das war seine Antwort: im Gefängnis. Eine Verkündigung, die auf meine Suche folgte.«

Im Land der Schuld gibt Gott Antwort.

O wahrhaft heilbringende Sünde des Adam,
du wurdest uns zum Segen,
da Christi Tod dich vernichtet hat.
O glückliche Schuld,
welch großen Erlöser hast du gefunden.[69]

Im Gefängnis ist Weinen verboten. Daher weinen sie
alle heimlich. »Tränen haben einen Geschmack«, sagt
Chiara. »Sie schmecken nach Unwissenheit, Rache,
Einsamkeit, Trostlosigkeit, Reue. Jede Zeit hat ihre
eigenen Tränen.« Das Herz in Tränen schmelzen lassen: Es gibt keine beschwerlichere Arbeit als diese. »Sie
können dem Weinenden zur Seite stehen, ihm vielleicht
gar die Tränen trocknen: Doch Sie können nicht ver-
hindern, dass diese Tränen fließen.« Alles, was in deiner
Macht steht, ist zu akzeptieren, dass du diese Tränen geschenkt bekommst. Und sie vielleicht irgendwann zu
rückgeben: »In meiner Pfarrgemeinde habe ich für mich
keinen Platz gefunden: Mir fehlte dort die Neugier,
mit der die Menschen sich auf die Suche nach ihrem
Gott machen. Also bin ich hierher gekommen, scheinbar ins Niemandsland.« Das Land, in dem der Teufel
sich hinter dem Gesicht schreiender, abgerissener Männer versteckt. Wo ein Wort, einmal ausgesprochen, kein
Zurück mehr kennt. »Und als ich im Gefängnis angekommen war, fragte ich: ›Nun sag mir, ob Du es warst,

der mich hierher geschickt hat. Hilf mir zu verstehen, warum ausgerechnet hierher.«« Im Dunkeln strahlt Gott besonders hell: »Ich spiegle mich im Schatten, den diese Männer im Vorübergehen werfen.«

Auf der Suche nach dem, was verloren war, was diese Männer schon aussortiert haben; die Wette auf die Güte, die in jedem von ihnen präsent ist; das Dunkel mit Hilfe der Liebe herausfordern. »Bevor ich diese Leute kennenlernte, habe ich Gott gelebt, als wäre er eine Geschichte, die immer jemand anderen anging. Hier aber ist Gott schlicht Gott: Er ist der Gott der Lebenden.« Ein Gott, der für das Leben der Menschen eine Bedeutung hat.

Dies ist die Nacht, von der geschrieben steht:
Die Nacht wird hell wie der Tag,
wie strahlendes Licht wird die Nacht mich umgeben.
Der Glanz dieser heiligen Nacht
Nimmt den Frevel hinweg,
reinigt von Schuld,
gibt den Sündern die Unschuld,
den Trauernden Freude.[70]

Chiara spiegelt sich im Schatten dieser Männer wider: Entweder ist das Leben ein Streich, den uns jemand spielt, oder es ist der höchste Ausdruck der grenzenlosen Liebe. Ich frage sie: »War denn für diese Männer die Sünde wirklich Notwendigkeit?« Hier im Gefängnis besteht das Versprechen, das wir uns gegenseitig gegeben haben, in der immerwährenden Überraschung: »Mich reizte einfach die Möglichkeit, die Gott jedem Menschen gibt, damit er ganz er selbst werden kann. Die Gelegenheiten, die er zu diesem Zweck immer wieder schafft, interessieren mich mehr als alles andere. Hier, Don Marco, lernt man schnell, im Sinne Gottes zu denken.« Sie formt die Worte mit geradezu engelhafter Achtsamkeit. »Zu denken, dass es immer eine Chance gibt. Im Sinne Gottes zu denken heißt zu denken, dass der Mensch immer größer ist, als wir ihn sehen. Dass unser Maß immer zu klein ist, zu unbeständig, zu verfälscht, zu befristet, um auch nur unsere Wahrheit zu bestimmen, geschweige denn die der anderen, der Welt, ja der Wahrheit Gottes. Es heißt zu denken, dass das Unmögliche für Gott immer eine Möglichkeit ist.«

Es liegt ein gewisser Zauber im Anfang einer Geschichte: Du weißt nie, wohin sie dich führen wird. »Im Sinne Gottes zu denken bedeutet, sich von Gott denken zu lassen und dann nach diesem Gedanken zu leben. Gott denkt keine Familien, Gemeinschaften, Klöster, Abteien. Er denkt keine Mütter, Väter, Priester, Nonnen, Singles oder Paare ohne Trauschein. Gott denkt keine Schulen, Universitäten, Fabriken und Krankenhäuser.

Er denkt weder Kirchen noch Hilfswerke, weder pries-
terlichen noch diakonischen noch bischöflichen Rat.«
Und doch denkt Gott. »Was aber denkt Gott dann den
ganzen Tag, Chiara?«

»Gott denkt den Menschen, Don Marco.« Ihr Lächeln ist milde.

Ist es möglich, ganz ehrlich zu sich selbst zu sein und
vor der Wahrheit keine Angst zu haben?

Gott denkt *diese* Männer: »Glückliche Schuld, welch
großen Erlöser hast du gefunden.« Wenn der erste Blick
am Morgen hinauf zur Zellendecke geht, dann ist dies
eine geradezu unglaubliche Verschwendung: »Wahrhaftig umsonst wären wir geboren, hätte uns nicht der Erlöser gerettet.«[71]

Für Augenblicke wie diesen können uns unzählige
Sünden vergeben werden.

Das Kartenspiel ist eine ernste Sache: Man erkennt daran, welchen Charakter jeder Einzelne hat. Und an der
Tatsache, wie jemand verliert, siehst du es noch besser:
»Vor Jahren bin ich nach Raubüberfällen immer nach
Hause gegangen und habe Videospiele gemacht.« Der,
der am schlechtesten Karten spielt, ist gleichzeitig der,
der seine Geschichte am besten erzählen kann. »Eines
habe ich von den Videospielen gelernt: Wenn man auf
Feinde trifft, weiß man, dass man auf dem richtigen

Weg ist.« Der Mann spielt, hat aber wohl das Bedürf-
nis, von sich zu reden.

Sobald die Männer auf ihren Klappbetten liegen, ver-
sperrt dem einen oder anderen ein Buch die Sicht auf
die Decke. »Weißt du, was komisch ist?«, fängt der eine
an, der in der Philosophie mehr bewandert ist als im
Pokerspiel. »Als Kind hat mein Vater mich immer zur
Schule gebracht. Und ich rein, warten, bis er wieder weg
war, und zum Fenster wieder raus.« Wenn die Männer in
ihrer Zelle sind, haben sie nichts anderes zu tun, als über
sich nachzudenken, über die Stille, manchmal auch über
Gott. »Gott! Gott! Gott! Wenn ich ihn sehen, wenn ich
ihn hören könnte! Aber wo ist dieser Gott?« »Das fragen Sie mich? Gerade Sie? Und wem ist er näher als
Ihnen? Fühlen Sie denn nicht im Herzen, wie er Sie be-
drängt und erschüttert, wie er Sie nicht ruhen lässt und
zugleich zu sich hinanzieht, wie er Ihnen schon Hoffnung auf Freude und auf einen Trost einflößt, der vollkommen und unermesslich sein wird, sobald Sie den
Herrn erkennen, bekennen und zu ihm flehen?«[72]

Die Gnade macht sich häufig das Fehlen der Tugend
zunutze: Der Mensch ist eingekreist und schon halb
besiegt. »Erzähl dem Priester mal die Geschichte von
dem Buch da«, sagt der, der am besten Machiavelli[73]
spielt, ein Kartenspiel. Sie legen die Karten auf den
Tisch, verschränken die Arme und sehen mich an: Ver-

trauen im Gefängnis ist eine Lampe, die sich oft erst nach unzähligen Versuchen entzünden lässt. Manchmal aber auch schon auf den ersten Blick. »Eines Tages habe ich mir aus der Bibliothek ein Buch geholt«, erzählt der schlechte Pokerspieler. »Ich fand den Titel interessant: *Bekenntnisse*.« Tratsch ist in diesem Reich, in dem die Muße Pflicht ist, ein exzellentes Schmerzmittel. »Ich habe mich nachts auf der Toilette versteckt und zu lesen begonnen«, gesteht er, während die anderen sich grinsende Blicke zu werfen. Mir ist schon klar, was hier dahintersteckt. »Bekenntnisse«, das schmeckt nach »Kollaboration«, nach Zusammenarbeit mit den Strafverfolgungsbehörden. Und im Gefängnis sind Kollaborateure nicht gern gesehen. Daher musste er das Buch nachts lesen, wo nur wenige Wachleute unterwegs sind und man den Blicken der anderen leichter entgeht.

In der Nacht, auf der Toilette versteckt, verwandelt sich der Pokerspieler in eine Leseratte: Er liebt das Lesen. Der Autor des Buches ist Augustinus von Hippo, der das Schlechte und die Sünde aus eigener Erfahrung kannte. Kein schlechter Gefährte. »Je mehr ich las, desto mehr fragte ich mich: Redet der da etwa von mir? Wieso kennt der mich so gut?« Was der Spieler erzählt, macht seine drei Gefährten stolz. »Ich las und las und wusste immer weniger, ob ich das Buch las oder das Buch mich.« Es gibt Bücher, die einem beim Lesen den

Wunsch eingeben, der Autor möge unser bester Freund werden: Für so manchen Menschen ist das Schreiben ein Akt des Glaubens. Und dann gibt plötzlich ein Laie eine Deutung des heiligen Augustinus: »Ich stelle mir vor, dass Augustinus auch ein Schlitzohr war wie ich. Und im Schreiben hat er seine Not dargelegt, seine zerrissene Seele. Er spürte etwas, das ihn umtrieb, eine Liebe, die ihn suchte, ja, die er selbst schon lange suchte.« Ich denke an Chiara: »Ich überlasse es den Männern, ob sie zuhören wollen oder nicht«, hatte sie mir anvertraut. »Aber ich spreche aus der Fülle heraus, die ich selbst empfinde.« Das hört sich einfach an, aber: »Zwischen Sagen und Tun steht gewöhnlich der Mensch.« »Weißt du, wie die Hände eines Landarbeiters aussehen?«, fragte er. »Weißt du, wie viele Samen danebenfallen, damit auch nur ein einziges Hälmchen Getreide wachsen kann? So müssten wir hier leben: Wir sollten keine Angst vor dieser Verschwendung haben.« Der Sand ist glühend heiß: Und doch ist das Meer in Sichtweite.

Die Bekenntnisse waren sozusagen der Schaufelbagger: Sie haben tief geschürft und tatsächlich die Erde bewegt. Wie das Wasser an den Klippen: Es kommt in Wellen, immer wieder, vor und zurück, damit der Feind nicht zur Ruhe kommt. »Eines Tages las ich eine Stelle, in der es um die Zeit ging. Ich bin ein Lebenslänglicher, ich hasse alle Uhren und Kalender. Und da steht:

›Was also ist die Zeit? Wenn niemand mich danach fragt, weiß ich's; will ich's aber einem Fragenden erklären, weiß ich's nicht.‹«[74] Für einen Lebenslänglichen ist da etwas, das nie vergeht: die Zeit. »In jener Nacht konnte ich nicht mehr schlafen. Ich habe mir die Worte abgeschrieben, weil ich sie meiner Verlobten schicken wollte.« Er wird rot. Der Spieler hat keine Karte in der Hand, er ist also wehrlos. »Ich habe sie auf Klopapier geschrieben. Bitte lach nicht! Ich hatte kein Geld für ein Heft.« Am liebsten würde er wohl schwören, dass all das wahr ist, aber hier schwört man nicht: Wer da schwört, signalisiert, dass nicht wahr ist, was er sagt.

»Frag doch ihn, ob es wahr ist!«, sagt er und deutet auf seinen Zellengenossen.

Ich frage mit einem stummen Blick: Ja, es ist wahr. Unglaublich!

Er hat die letzte Karte ausgespielt, jetzt wird es kritisch: Er hat die Hände frei. Nun holt er aus einem Kartonschränkchen ein Blatt Papier: »Möchtest du lesen, was ich geschrieben habe?« Noch eine Einladung. Die anderen legen die Karten auf den Tisch: Kinder und Schachspieler erzählen und spielen mit der gleichen Ernsthaftigkeit. »Das ist der Aufsatz, den ich in der Abiturprüfung geschrieben habe«, erklärt der Mann mir, während er mir eine Doppelseite Klausurpapier überreichte. »Ich habe mich für folgendes Thema entschieden: ›Ich war damals zwanzig Jahre alt, und ich werde immer widersprechen, wenn jemand mir einreden will, das sei die schönste Zeit des Lebens.‹[75] Ich lese den Aufsatz und während ich die Worte überfliege, spüre ich das Gewicht aller Blicke auf mir. Hier läuft das Leben eines Mannes vor meinen Augen ab wie ein Film, der sich hinter den Worten verbirgt: Kindheit, Sterne, das Böse. Die Beute, der Drogenhandel, das vergossene Blut. Dann die Verhaftung, der Prozess, die Verurteilung.

Ein Leben, das mit zwanzig zum Stillstand kam: verurteilt zu einer lebenslangen Freiheitsstrafe.

Ich lese die letzten Zeilen des Aufsatzes. Dann atme ich kurz durch wie ein Sportler, der zum Hochsprung ansetzt. Ich habe richtig gelesen: »Ich war zwanzig Jahre alt und wurde zu lebenslänglich verurteilt. Von nun an werde ich allen Menschen erlauben zu sagen, dass ich an diesem Tag begann, mein Leben zu lieben.« Ein Echo hallt in der Zelle wider. »War die Sünde Adams wirklich nötig?« Er blickt mir direkt in die Augen: Es gibt nichtssagende Worte und äußerst vielsagende Blicke. Sein Blick sagt die Wahrheit: »Hier im Gefängnis war Augustinus mein Lehrmeister: Er hat mich von der Unwissenheit befreit, die meine Seele zerstört hat. Er hat Knebel gelöst, die mich erstickten. Er hat mir geholfen, die Scham zu überwinden.«

Es handelt sich um die älteste Kriegslist überhaupt,

die Augustinus überaus gut kannte: Bereit zu sein, mit dem Feind das Lager zu teilen, um danach die Schlacht zu gewinnen und bald darauf den ganzen Krieg. Von außen betrachtet ist die Gnade nicht immer verständlich. »Das Komische daran«, will er unbedingt noch anfügen, »ist ja, dass mein erster Aufsatz die totale Katastrophe war. Ich hatte nicht ein Satzzeichen gesetzt, nur drei Ausrufezeichen. Unlesbar. Als ich die *Bekenntnisse* las, wurde mir klar, dass mein Leben ein Dasein ohne Punkt und Komma war. Es bestand nur aus Schreien. Als hätte ich von der Grammatik nur das Ausrufezeichen wirklich kapiert!« Selbst im schlimmsten Mann ist ein Kind verborgen, das spielen will. Und das beim Spielen ins Erzählen kommt: »Eines Tages hat mein Lehrer mir gesagt: ›Ich sehe schon an den Satzzeichen, dass du nicht mehr derselbe Mensch bist wie damals. Ich bin stolz auf dich.‹« Und daher ist der Spieler jetzt auch stolz auf sich selbst.

Der Applaus erfolgt in Blicken, die sich beschämt zu Boden richten. Sie nehmen die Karten wieder auf und werden noch ausfälliger als vorher, um nur ja nicht befangen zu wirken. Sie wenden sich erneut ihrem bisherigen Zeitvertreib zu. »Wenn wir hier drin aufhören zu spielen, hören wir auf zu leben.«, sagt der Mann, der in endlosen Zahlenreihen den Punktestand registriert.

Das Kartenspiel ist auch ein Bekenntnis, auch wenn

es im erschwindelten Gewand des Zeitvertreibs daherkommt.

Unter. Ober. König.

»Das As sticht alles!« Wieder ein Ausrufezeichen.

In der Kirche sind die Proben zu Ende gegangen. Hier
wird bald im Dunkeln das Osterlicht aufflammen. An
dieser Flamme entzündet man die anderen Kerzen, die
dann von Hand zu Hand gehen, um das Licht weiter-
zuverbreiten. Die ganze Kirche wird von Neuem erhellt werden. Und die Gläubigen stimmen das *Exsultet*
an: »Wahrhaftig umsonst wären wir geboren, hätte uns
nicht der Erlöser gerettet... O glückliche Schuld, welch
großen Erlöser hast du gefunden.«

Der Erlöser wird in der Schuld erkannt.

Die Frauen kleiden die Kirche in ihr festliches Gewand. Die Wellen haben uns vor einigen Jahren hierher
verschlagen. Chiara ist heute mitteilsam: »Die Blicke
dieser Männer störten mich, sie vergewaltigten mich.«
Die anderen Frauen hören mit den Augen zu. »Als ich
das erste Mal hierher kam, erwartete ich brutale, harte,
böse Gesichter. Finstere, verhärtete, grausame Mienen.
Heute mag ich es, dass Gott mich durch diese Augen
anblickt. Wenn ich mir dieser Blicke bewusst werde,
denke ich mir, dass Gott diese Männer auch durch
meine Augen ansieht. Gott ist mein Lieblingsdichter.«

Die Liebe ist ein göttliches Geheimnis: Möge es den Augen der Außenstehenden verborgen bleiben. Dann ist es schöner, heiliger. Eine Liebe, die für alle da ist.

In der Mitte der Messe sprechen wir das Glaubensbekenntnis.

Ich glaube an Gott,
an Jesus Christus,
an den Heiligen Geist.
Ich glaube die Kirche,
die Gemeinschaft der Heiligen,
die Vergebung der Sünden,
die Auferstehung des Fleisches,
das ewige Leben.
Amen.

Briscola, Burraco, Poker, Scala Quaranta, Scopa, Sette e Mezzo, Tressette.[76] Aus dem Leben des Menschen eine langweilige Partie Karten zu machen ist vermutlich Luzifers Traum. »Am Ende ist er im Gefängnis gelandet«, sagt das Böse. »Nein, er hat im Gefängnis *einen neuen Anfang* gemacht«, entgegnet das Gute. Es braucht Jahre, um so viel Vertrauen aufzubauen, einen Augenblick, um es wieder zu verspielen, und eine Ewigkeit, um es wiederherzustellen. »Es sind so viele schlimme Dinge passiert, Don Marco«, gesteht mir einer von ihnen. »Aber ich bin immer noch hier. Das war nicht leicht. Aber was hat mich hier schließlich eingeholt? Die Güte.« Es heißt ja, dass es hier immer so läuft.

Es ist unser Glaubensbekenntnis, das dem Fleisch dieser Männer eingeprägt wird mit einem Stempel aus Beton und Stahl. Herzen, die das Böse nicht vollkommen böse gemacht hat. »Wenn Sie nur wüssten: Diese Männer sind in Wirklichkeit so gut«, sagt die Nonne jedem, der es hören will. Und während sie von ihnen erzählt, sind alle bei ihr.

Gehet hin in Frieden. Halleluja, halleluja.
Dank sei Gott, dem Herrn. Halleluja, halleluja.

Ich stehe neben dem Kirchenfenster und hebe den Blick hinauf zu den Zellen. Die vier sehen auf zu einer Möwe, die jenseits der Gitter vor ihrem Zellenfenster sitzt.

»Frohe Ostern!« Sie lächeln, einer hebt die Hand und schickt ihr ein Kreuzzeichen wie zum Segen.

Noch ist ein wenig spärliches Licht vorhanden. In wenigen Minuten wird die Dunkelheit über das Gefängnis sinken. Die Nacht bricht herein. »Das ist für mich die schlimmste Qual«, sagt einer der Männer. »Ich schlafe wenig. Ich mache meiner Seele Luft: Ich lese, schreibe, denke. Nachts geht mir so allerlei durch den Sinn.« Und er spricht weiter: »Ich träume ständig von meinem Vater, der neben mir sitzt.« Er fängt an zu weinen, bedeckt das Gesicht mit den Händen. »Ich habe ihn verdammt noch mal so leiden lassen. Zwanzig Tage vor seinem Tod hat er zu mir gesagt: ›Mein Sohn, du wirst eine Ewigkeit im Gefängnis verbringen. Ich kann dir da nicht folgen.‹« Das Gefühl ist das einzige Dogma, an das die Armen glauben. »Das letzte Mal habe ich ihn durch das Gittertor des Friedhofs gesehen.«

Dann folgte die Verhaftung.

Und die letzten Worte des Vaters waren: »Sei ein guter Junge. Tue es für mich: Ich bitte dich.«

Bis jetzt hat er sein Wort gehalten.

»Frohe Ostern, Chiara!«

»Frohe Ostern, Don Marco. Gott denkt den *Menschen*!«

Draußen ist es stockfinster. Von Weitem funkeln die erleuchteten Zellen wie die Sterne. »Wächter, wie lange noch dauert die Nacht?« Im Gefängnis bemüht sich eine große Zahl von Männern um eine technische Auferstehung. Um die Aufrechterhaltung der Hoffnung.

»Ich glaube an die Auferstehung des Fleisches«: Das ist die Auferstehung der Toten.

Bis dahin allerdings bemühen wir uns eifrig, an die Auferstehung der Lebenden zu glauben.

Der Gestrauchelten. Der Gefallenen.

Die ehrlichsten Auferstehungen finden fast immer im Dunkeln statt.

QUELLEN

Das Interview mit Papst Franziskus führte Don Marco Pozza am 25. September 2019 für TV2000 im Gästehaus des Vatikans »Santa Marta«.

Die Zitate der Kirchenväter wurden folgenden Quellen entnommen:
Patrologia Graeca von J. P. Migne.
Patrologia Latina von J. P. Migne.
Corpus christianorum, Serico latina.
Sources Chrétiennes.

Wo eine deutschsprachige Übersetzung verfügbar war, wurde sie der Bibliothek der Kirchenväter entnommen.

Die Texte von Papst Franziskus, die die einzelnen Kapitel von Teil I beschließen, entstammen folgenden Quellen:

Ein Gott, der Liebe ist
Nachsynodales apostolisches Schreiben *Christus vivit*, Pkt. 112–117, vom 25. März 2019

Die zentrale Rolle von Jesus Christus
Predigt für die Heilige Messe zum Abschluss des Jahres des Glaubens am Hochfest Christkönig, Herr des Universums, auf dem Petersplatz am 24. November 2013

Der Heilige Geist schafft die Einheit
Predigt für die Heilige Messe am Hochfest Pfingsten auf dem Petersplatz am 9. Juni 2019

Die Kirche ist eins
Generalaudienz auf dem Petersplatz vom 25. September 2013

Eine höchst tröstliche Wahrheit
Generalaudienz auf dem Petersplatz vom 30. Oktober 2013

Dies ist die Zeit der Barmherzigkeit
Ausgewählte Textstellen aus dem Apostolischen Schreiben *Misericordia et misera* zum Abschluss des Heiligen Jahres der Barmherzigkeit vom 20. November 2016

Der Weg zur Auferstehung
Generalaudienz auf dem Petersplatz vom 4. Dezember 2013

Im Angesicht Gottes
Generalaudienz auf dem Petersplatz vom 11. Dezember 2013

ANMERKUNGEN

1. »Id teneamus quod ubique, quod semper, quod ab omnibus creditum est.« Vinzenz von Lérins, »Commonitorium« I, 2, in: *Patrologia Latina*, J. P. Migne, Bd. 50, S. 640 (Dt.: »Desgleichen ist in der katholischen Kirche selbst entschieden dafür Sorge zu tragen, dass wir das festhalten, was überall, was immer und was von allen geglaubt wird.« Commonitorium, in: Bibliothek der Kirchenväter, 1. Reihe, Bd. 20, München 1914)

2. Basilius von Cäsarea, »Contra Eunomium«, II, 12; siehe: *Sources Chrétiennes*, Editions du Cerf, Bd. 299 und 305. (Ital. Übersetzung: Basilio di Cesarea, »Contra Eunomio«, in: *Collana di Testi Patristici*, Bd. 192, Rom 2007, S. 246.

3. Johannes Cassianus, »De incarnatione Domini (Contra Nestorium)«, VII, 18, in: *Patrologia Latina*, Bd. 50, S. 9–272. (Dt.: »Sieben Bücher über die Menschwerdung Christi«, in: *Bibliothek der Kirchenväter*, 1. Reihe, Bd. 68, Kempten 1879)

4. »Messfeier am Weihnachtstag«, in: *Schott, Römisches Messbuch,* in der digitalen Form abrufbar auf der Webseite der Erzabtei Beuron, unter: https://www.erzabtei-beuron.de/schott/register/weihnachtszeit/schott_anz/index.html?file=weihnachtszeit%2Fweihnachten_tag.htm

5. Das *Enchiridion symbolorum, definitionum et declarationum de rebus fidei et morum*, genannt »der Denzinger« nach dem Namen des Mannes, der dieses Kompendium in seiner ursprünglichen Form zusammenstellte. Darin sind die wichtigsten Glaubensinhalte und Lehrdokumente der Konzile und der Päpste zusammengefasst. Die neueste Auflage mit deutschsprachiger Übersetzung erschien 2017 im Verlag Herder.

6. Ansprache in Mosambik am 5. September 2019.

7. Ansprache von Benedikt XVI. am Heiligtum von Aparecida am 13. Mai 2007.

8. Joseph Malègue, *Augustin*, Einsiedeln 1956.

9. Johannes Chrysostomos, »In Epistolam ad Galatas commentarius«, I, 4, in: *Patrologia Graeca*, J. P. Migne Bd. 61, S. 611–682. (Dt.: »Erklärung der Galaterbriefe«, I, 4, in: *Bibliothek der Kirchenväter*, 2. Reihe, Bd. XV, S. 26 f.)

10. Am 24. September 2019.

11. Der Hauptsitz der Bewegung, die 1993 von Chiara Amirante gegründet wurde.

12. Der Theismus ist eine philosophische Lehre, die zwar die Existenz eines Gottes oder eines höheren Wesens anerkennt, dieses aber nicht mit persönlichen Zügen ausstattet, wie die Religionen dies im Allgemeinen tun. Papst Franziskus unterstreicht mit diesem Satz, dass es möglich ist, an einen abstrakten Gott zu glauben, der hinter Riten und christlichen Praktiken verborgen ist.

13. Henri de Lubac, *Kirche. Eine Betrachtung*, Einsiedeln 1968, S. 153.

14. Henri de Lubac, *Kirche. Eine Betrachtung*, a. a. O., S. 178.

15. Am 4. August 2019.

16. Schreiben von Papst Franziskus an die Priester zum 160. Todestag des Pfarrers von Ars.

17. Sergej Bulgakow, *Il Paraclito*, Bologna 1987, S. 410–411. (Dt. Ausgabe: *Der Tröster*, 1936.)

18. Maximus Confessor, »Epistola 12«, in: *Patrologia Graeca*, Bd. 91, S. 469 AB.

19. Irenäus, »Adversus Haereses«, V. Buch, Kap. 20, 1, in: *Sources Chrétiennes*, Bd. 293–294. (Dt.: »Gegen die Häresien«, in: *Bibliothek der Kirchenväter*, 1. Reihe, Bd. 3, München 1912.)

20. D. Berg, L. Lehmann, *Franziskus-Quellen. Die Schriften des Heiligen Franziskus*. Lebensbeschreibungen, Chroniken und Zeugnisse über ihn und seinen Orden, Kevelaer 2009, S. 83. In der Nicht-bullierten Regel heißt es wörtlich: »(1) Keiner der Brüder soll gegen Vorschrift und Anordnung der heiligen Kirche predigen und nur, wenn es ihm von seinem Minister erlaubt ist. […] (3) Alle Brüder sollen jedoch durch Werke predigen.« NbR 17, 1 und 3.

21. Am 3. April 1958 hielt Don Primo Mazzolari in seiner Pfarrkirche in Bozzolo (in der Provinz Mantua, Diözese Cremona) eine originelle und anrührende Predigt, die bald berühmt werden sollte. Er sagte dabei u. a.: »Der arme Judas. Ich weiß wirklich nicht, was in seiner Seele vorgegangen ist. Er ist eine der geheimnisvollsten Persönlichkeiten, der wir in der Passion des Herrn begegnen. Ich werde gar nicht erst versuchen, sie euch zu erklären. Ich beschränke mich darauf, euch um ein wenig Barmherzigkeit für unseren armen Bruder Judas zu bitten. Schämt euch nicht, dass er euer Bruder ist. Ich jedenfalls tue das nicht, denn ich weiß, wie oft ich den Herrn verraten habe. Und ich glaube, keiner von euch sollte sich des Judas schämen.«

22. Es handelt sich um die Basilika Sainte-Marie-Madeleine im französischen Burgund, auf dem Jakobsweg nach Santiago de Compostela.

23. »Wie aber der menschliche Leib offensichtlich mit eigenen Werkzeugen ausgerüstet ist, mit denen er für das Leben, die Gesundheit und das Wachstum seiner selbst und der einzelnen Glieder sorgen kann, so hat der Heiland der Menschen in seiner unendlichen Güte wunderbar für seinen mystischen Leib vorgesorgt, indem Er ihn mit Sakramenten bereicherte, um dadurch die Glieder gleichsam in ununterbrochener Gnadenfolge von der Wiege bis zum letzten Atemzuge zu erhalten und zugleich für die sozialen Bedürfnisse des ganzen Leibes reichlich zu sorgen.« (Pius XII., Enzyklika *Mystici Corporis Christi*, I, vom 1. März 1944)

24. Ludwig von Pastor (1854–1928) war Professor für Geschichte an der Universität Innsbruck. Er verfasste eine umfangreiche Geschichte der Päpste seit dem Ausgang des Mittelalters und zahlreiche andere kirchengeschichtliche Werke. Dabei half ihm u. a., dass Leo XIII. ihn die geheimen Archive des Vatikan nutzen ließ.

25. Henri de Lubac, *Die Kirche. Eine Betrachtung*, Einsiedeln 1968, S. 267.

26. Jacques Maritain, *Religion und Kultur*, Freiburg i. Br. 1936, S. 65 f.

27. Ambrosius von Mailand, »Expositio Evangelii secundum Lucam«, in: *Corpus Christianorum Series Latina*, Bd. 14. (Dt.: »Lukaskommentar«, 2. Der Stammbaum Christi, Luk 3, 23–38, in: *Bibliothek der Kirchenväter*, 1. Reihe, Bd. 21, München 1915. Der Begriff be-

zeichnet die innere Wirklichkeit der Kirche: heilig, weil sie mit Christus verbunden ist, dem Heiligen Gottes, aber trotzdem aus Sündern besteht.

28. Angelusgebet vom 12. März 2000.

29. Bei dem Erdbeben 2016 wurde das historische Kloster von San Benedetto in Monte zerstört. Dieses war eben dort gegründet worden, wo der Überlieferung zufolge das Geburtshaus der Heiligen Bernhard und Scholastika stand.

30. Das PIME ist das Päpstliche Institut für auswärtige Missionen und das erste Missionsinstitut, das in Italien gegründet wurde.

31. Yves Congar gehört zu den bekanntesten Theologen des vergangenen Jahrhunderts (1904–1995). Er wurde vor allem für seinen entschiedenen Einsatz für den ökumenischen Dialog bekannt sowie für seine Ausführungen zur Theologie der Laiengläubigen. Man lud ihn als Experten zum 2. Vatikanischen Konzil ein, wo er bald zum Protagonisten wurde und für die Abfassung einiger wichtiger Konzilsdokumente verantwortlich war. Wenige Wochen vor seinem Tod ernannte Johannes Paul II. ihn zum Kardinal. Zu seinen zahlreichen Verdiensten zählt unter anderem, dass er im Vorfeld und im Verlauf des Konzils für eine neue Sicht auf die Kirche als Volk Gottes als der Gemeinschaft der Getauften eintrat.

32. Yves Congar, *Vera e falsa riforma nella Chiesa*, Mailand 1994, S. 47.

33. Monsignore Antonio Bello (1935–1993) war von 1982 an Bischof von Molfetta, Ruvo, Giovinazzo und Terlizzi, von 1985 an nationaler Präsident von Pax Christi. Er wird allgemein als Beschützer der Armen und Migranten anerkannt sowie als Vorkämpfer für den Frieden und den Dialog.

34. Romano Guardini, *Der Herr. Betrachtungen über die Person und das Leben Jesu Christi*, Würzburg 1951, S. 546.

35. Die Armenviertel an den Rändern der großen Städte wie die *favelas* in Brasilien, die *chabolas* in Spanien und die *callampas* in Chile. Dort leben Millionen Menschen in absoluter Armut in Hütten aus Abfallmaterialien.

36. Generalaudienz vom 26. April 2006.

37. Was dieses Thema angeht, hat Papst Franziskus am 20. März 2015 ein Schreiben an den Präsidenten der Internationalen Kom-

mission gegen die Todesstrafe gerichtet, in dem es heißt: »Für einen Rechtsstaat stellt die Todesstrafe ein Versagen dar, weil sie ihn verpflichtet, im Namen der Gerechtigkeit zu töten. Dostojewski schrieb: ›Den zu töten, der getötet hat, ist eine Strafe, die ungleich größer ist als das Verbrechen selbst. Der Mord aufgrund eines Urteils ist schrecklicher als der Mord, den ein Verbrecher begeht.‹ Man wird nie Gerechtigkeit erlangen, indem man einen Menschen tötet.« Und am 11. Oktober 2017 vor den Teilnehmern einer Konferenz, die der Päpstliche Rat zur Förderung der Neuevangelisierung veranstaltet hat: »Leider wurde auch im Kirchenstaat auf dieses extreme und unmenschliche Mittel zurückgegriffen, und man hat dabei den Primat der Barmherzigkeit über die Gerechtigkeit vernachlässigt. Wir übernehmen die Verantwortung für die Vergangenheit und bekennen, dass diese Methoden mehr von einer legalistischen als von einer christlichen Haltung bestimmt wurden. Die Sorge um Machterhalt und materiellen Reichtum haben zu einer Überbewertung des Gesetzes geführt und ein tiefes Verständnis des Evangeliums verhindert. Gerade deswegen können wir heute, angesichts einer neuen Notwendigkeit, die Würde des Menschen zu betonen, nicht gleichgültig bleiben. Wir würden uns noch mehr schuldig machen. Wir stehen hier vor keinerlei Widerspruch zu früheren Lehraussagen, denn die Verteidigung der Würde des menschlichen Lebens von der Empfängnis bis zum natürlichen Tod hat in der kirchlichen Lehre stets eine eindeutige und maßgebende Stimme gefunden.«

38. Artikel 2267 des Katechismus der katholischen Kirche.
39. Vinzenz von Lérins, »Commonitorium«, 23,9, in: *Patrologia Latina*, Bd. 50, S. 668. (Dt. : »Commonitorium«, in: *Bibliothek der Kirchenväter*, Reihe 1, Bd. 20, München 1914.)
40. 15. September 2018.
41. Artikel 948 des Katechismus der katholischen Kirche.
42. Dieses Amt wurde von Papst Franziskus im Rahmen des Heiligen Jahres der Barmherzigkeit geschaffen: Es wird an Priester verliehen, die speziell für diese Aufgabe ernannt werden: Sie sollen das Wort Gottes predigen und dürfen auch die fünf Sünden vergeben, für sie sonst allein der Heilige Stuhl zuständig ist.
43. Maximus Confessor, »Orationis Dominicae brevis expositio«, II,

in: *Patrologia Graeca*, Bd. 90, S. 872–908. (It. Übersetzung: Massimo il Confessore, *Umanità e divinità di Cristo*, Rom 1979, S. 90.)

44. Katechismus der katholischen Kirche, Art. 386.

45. Katechismus der katholischen Kirche, Art. 397.

46. Hochgebet zum Thema »Versöhnung« I, in: *Messale Romano*, Fondazione di religione Santi Francesco d'Assisi e Caterina da Siena, 1983, S. 919.

47. Barnaba Chiaromonti, der unter dem Namen Pius VII. das Papsttum antrat. Er wurde in der Nacht vom 5. auf den 6. Juli 1806 im Quirinalspalast verhaftet, weil er gewagt hatte, Napoleon Bonaparte zu exkommunizieren, obwohl er diesen namentlich nicht einmal erwähnte. Es ging vor allem darum, dass Napoleon Rom und den Kirchenstaat besetzt hatte. Pius VII. blieb bis 1814 Gefangener Napoleons, bis er von den Österreichern befreit wurde. Trotz der langen und schmerzlichen Haft verbot Pius VII. alle Racheakte gegen Napoleon und trat für die Versöhnung mit der Familie Bonaparte ein, die in der Zwischenzeit ins Exil gehen musste.

48. »So macht die Sünde die Menschen zu Komplizen und lässt unter ihnen Gier, Gewalttat und Ungerechtigkeit herrschen. Die Sünden führen in der Gesellschaft zu Situationen und Institutionen, die zur Güte Gottes im Gegensatz stehen. ›Sündige Strukturen‹ sind Ausdruck und Wirkung persönlicher Sünden. Sie verleiten ihre Opfer dazu, ebenfalls Böses zu begehen.« Katechismus der katholischen Kirche, Art. 1869.

49. Johannes Chrysostomos,(»In Epistolam ad Galatas commentarius«, I, 4, in: *Patrologia Graeca*, J. P. Migne Bd. 61, S. 611–682. (Dt.: »Erklärung des Galaterbriefes«, I, 6, in: *Bibliothek der Kirchenväter*, 2. Reihe, Bd. XV, S. 35.)

50. Augustinus, *Hirt des Hermas*, 42, 1–4.

51. Römisches Messbuch, 3. Fastensonntag.

52. Ebda., Präfation VII für die Sonntage im Jahreskreis.

53. Ebda., Zweites Hochgebet.

54. Ebda., Riten zur Kommunion.

55. Enzyklika *Lumen fidei*, 50.

56. »Präfation von den Verstorbenen I«, in: *Römisches Messbuch*, a.a.O., S. 377.

57. Tertullian, »De resurrectione carnis«, I, 1, in: *Corpus Christianorum Series Latina*, Bd. 2, S. 921. (Dt. »Über die Auferstehung des Fleisches«, in: *Tertullians sämtliche Schriften*, Köln 1882)

58. Kongregation für die Glaubenslehre, *Instruktion* Ad resurgendum cum Christo *über die Beerdigung der Verstorbenen und die Aufbewahrung der Asche im Falle der Feuerbestattung* vom 15. August 2016, siehe Punkt 4.

59. Cyrillus von Alexandrien, »Commentarius in XII prophetas minores«, VI, 33, in: *Patrologia Graeca*, Bd. 71, S. 9–1061, und Bd. 72, S. 9–364. (It. Übersetzung: Cirillo di Alessandria, »Commento a Zaccaria«, in: ders., *Commento ai profeti minori*, Rom 1986, S. 113)

60. In Giacomo Puccinis berühmter Oper *Turandot* unterzieht Prinzessin Turandot jeden Mann, der um ihre Hand anhält, einem Ritual. Sie stellt ihm drei Rätsel. Prinz Kalaf stellt sich der Herausforderung und gewinnt. Das erste Rätsel lautet: »In der dunklen Nacht fliegt ein schillerndes Trugbild. Es steigt und breitet die Flügel aus über der schwarzen unendlichen Menschheit. Die ganze Welt ruft es an, und die ganze Welt fleht es an. Aber das Trugbild verschwindet mit der Morgenröte, um im Herzen wiedergeboren zu werden!« Kalafs Antwort lautet: »Die Hoffnung.« Woraufhin die Prinzessin sagt: »Ja, die Hoffnung, die immer trügt!.« Giacomo Puccini, *Turandot*, 2. Akt, 2. Szene, Stuttgart 2006, S. 55.

61. Katechismus der katholischen Kirche, Art. 1013.

62. Johannes von Damaskus, »De fide orthodoxa«, II, 11, in: *Patrologia Graeca*, Bd. 94, S. 789–1228. (Dt.: »Genaue Darlegung des orthodoxen Glaubens«, in: *Bibliothek der Kirchenväter*, 1. Reihe, Bd. 44, München 1923.)

63. Der 33. Gesang des Paradieses beginnt mit einem Gebet des Hl. Bernhard an die Jungfrau Maria, das zu den berühmtesten Passagen der Göttlichen Komödie gehört: »O Jungfrau, Mutter, Tochter deines Sohnes«. Er bittet sie, bei Gott Fürsprache zu halten, damit Dante »sein erhabenstes Heil« sehen darf. (Dante Alighieri, »Paradies« XXXIII, V. 1–9, in: *Die Göttliche Komödie*, übertragen von Karl Witte, Leipzig 1990, S. 403.)

64. »Wenn das ›Fegefeuer‹ einfach das Reingebranntwerden in der Begegnung mit dem richtenden und rettenden Herrn ist, wie

kann dann ein Dritter einwirken, selbst wenn er dem anderen noch so nahesteht? Bei solchen Fragen sollten wir uns klarmachen, dass kein Mensch eine geschlossene Monade ist. Unsere Existenzen greifen ineinander, sind durch vielfältige Interaktionen miteinander verbunden. Keiner lebt allein. Keiner sündigt allein. Keiner wird allein gerettet. [...] So ist meine Bitte für den anderen nichts ihm Fremdes, nichts Äußerliches, auch nach dem Tode nicht. In der Verflochtenheit des Seins kann mein Dank an ihn, mein Gebet für ihn ein Stück seines Reinwerdens bedeuten. Und dabei brauchen wir nicht Weltzeit auf Gotteszeit umzurechnen: In der Gemeinschaft der Seelen wird die bloße Weltzeit überschritten. An das Herz des anderen zu rühren, ist nie zu spät und nie vergebens. [...] Unsere Hoffnung ist immer wesentlich auch Hoffnung für die anderen; nur so ist sie wirklich auch Hoffnung für mich selbst.« (Benedikt XVI., Enzyklika *Spe salvi* vom 30 November 2007. Siehe auch: Generalaudienz vom 12. Januar 2011.)

65. »Die Kirche glaubt, indem sie am Neuen Testament und an der Überlieferung treu festhält, an die Seligkeit der Gerechten, die einmal bei Christus sein werden. Ebenso glaubt sie, dass eine ewige Strafe den Sünder so trifft, dass er der Anschauung Gottes beraubt wird und dass die Auswirkung dieser Strafe das ganze Sein des Sünders erfasst. Was aber die Auserwählten betrifft, so glaubt sie, dass vor der Anschauung Gottes eine Reinigung stattfinden kann, die jedoch von der Strafe der Verdammten völlig verschieden ist. Das meint die Kirche, wenn sie von Hölle und Fegefeuer spricht.« (Kongregation für die Glaubenslehre, *Schreiben zu einigen Fragen der Eschatologie*, Pkt. 7, vom 17. Mai 1979.)

66. Siehe zum Beispiel: Lk 12, 49; Mt 5, 22; Mt 11, 23; Mt 13, 40–42; Mt 18, 8; Mt 22, 13; Mt 25, 41–43; Mk 3, 29; Mk 9, 43; Joh 5, 29.

67. Fjodor Dostojewski, *Aufzeichnungen aus dem Kellerloch*, II, 2, Frankfurt a. M. 2008, S. 64.

68. »Praeconium Paschale«, im: *Messbuch für die Bistümer des deutschen Sprachgebiets*, Solothurn 1996.

69. Ebda.

70. Ebda.

71. Ebda.

72. Siehe: Alessandro Manzoni, *Die Verlobten*, Zürich 1958, S. 285. Diese Worte spricht im Roman Kardinal Federico Borromeo und sie tragen dazu bei, dass ein brutaler Feudalherr zum barmherzigen Christen wird.

73. Eigentlich »Ramino machiavellico«, wird aber in der mündlichen Sprache häufig zu »Machiavelli« verkürzt.

74. Augustinus, *Bekenntnisse*, XI, 14, München (11) 2010, S. 312.

75. Paul Nizan, Aden, Reinbek 1978, S. 45

76. Hier handelt es sich – außer beim Poker – um italienische Kartenspiele, die mit einem italienisch-spanischem Blatt gespielt werden.

Verlagsgruppe Random House FSC® N001967

Copyright © 2020 Kösel-Verlag, München,
in der Verlagsgruppe Random House GmbH,
Neumarkter Str. 28, 81673 München
Umschlag: Zero Media GmbH, München
Satz: Uhl + Massopust, Aalen
Druck und Bindung: Friedrich Pustet GmbH & Co. KG, Regensburg
Printed in Germany
ISBN: 978-3-466-37267-6
www.koesel.de

Titel der Originalausgabe: IO CREDO, NOI CREDIAMO
© 2020 – Libreria Editrice Vaticana, Città del Vaticano

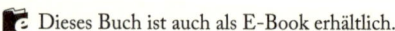 Dieses Buch ist auch als E-Book erhältlich.